Conversation in
SPANISH
★POINTS OF DEPARTURE★
FIFTH EDITION

Frank Sedwick

D1413538

HH Heinle & Heinle Publishers, Inc.
Boston, Massachusetts 02116, U.S.A.

Publisher: Stanley J. Galek
Editorial Director: Kristin Swanson
Assistant Editor: A. Marisa French
Production Manager: Erek Smith
Production Coordinator: Patricia Jalbert
Internal text design: Mia Saunders
Cover illustration and design: Jean Craig-Teerlink
Illustrations: Cary
Additional illustrations for this edition: Len Shalansky

Manufactured in the U.S.A.

ISBN: 0-8384-1715-9

10 9 8 7 6 5 4 3

Preface

CONVERSATION IN SPANISH: POINTS OF DEPARTURE, FIFTH EDITION, is designed for conversation and composition on nearly any level, even as early as the second semester of Spanish. The difference among levels will lie in the degree of syntactic sophistication and richness of vocabulary in the student's response.

The Fifth Edition contains fifty-two scenes, grouped arbitrarily. The scenes represent everyday situations, experiences, and types of people to which the students can relate. Where differences of custom exist, many of these are either evident in the picture itself or are noted in the textual material; the instructor may want to supply others. We have eliminated one topic from the previous edition and added two new units from earlier editions (*"La vida al aire libre"* and *"El zoológico"*) and their accompanying illustrations. Most units and their illustrations have been updated to reflect changes in custom, dress, and the cost of living. Most important of all, to every unit we have added a new and creative type of exercise called *"Imaginar y presentar."*

CONVERSATION IN SPANISH is designed for flexibility and simplicity. Begin anywhere. Skip around among the units, backward or forward, as you wish. No progressive degree of difficulty is intended and no unit depends on any other. The specific vocabulary for each scene is self-sustaining for that lesson, so that there is no need for a vocabulary at the end of the book. Omit whatever units may not be pertinent to the condition or interests of the class. One scene and its apparatus, if pursued in their entirety, easily provide sufficient material for a one-hour class.

The title of the book with its reference to "points of departure" suggests the expansive way in which the various scenes should be used, with free and inventive response to pictorial suggestion. All of the situations are as modern, universal, and youth-oriented as possible and are cast into a series of questions and exercises whose aim is to expand conversations from, rather than limit them to, the picture at hand.

Each unit has a picture, a word list pertinent to that picture, a set of questions analyzing the picture, a set of "points of departure" questions utilizing the given vocabulary but not necessarily the picture, three suggested topics for discourse or composition, and a role-play situation designed to promote creative language practice. This last exercise, called *"Imaginar y presentar,"* is devised to enhance the flexible nature of the book and is new to the Fifth Edition. The materials assume that students have been exposed to basic Spanish grammar and have at their command a fundamental vocabulary (although an appendix of numbers, verb tenses, and irregular verbs is useful at any level, and so is included here). The commonest words are taken for granted. Depending on the degree of intensity with which the book is used, it may be helpful for students to have a dictionary.

The word list in each lesson always includes three groupings: (1) verbs; (2) adjectives and expressions; (3) nouns. Every word in the list is used somewhere in the exercises or its use is occasioned somewhere in the most likely answers to the questions. A few users of past editions have suggested an alphabetization of this list. We have preferred not to do this for several reasons, mainly that all groupings in each list are logical and orderly as they stand, and not at all haphazard. Alphabetization would not facilitate reference in *"El calendario"* lesson, for example, where the days of the week are conveniently grouped, as are holidays. Another example is the grouping of eating utensils for easy recognition and association with one another in the unit on *"La mesa."* Besides, alphabetization would create some awkward, even comical, sequences of words.

With the exception of common words, all questions use only the vocabulary of their own unit, as does the simplest form of their possible replies. The questions always total twenty, divided between the two types, *"Análisis del dibujo"* and *"Puntos de partida."* No question is answerable only by "yes" or "no," though many of the first set of questions can be answered briefly. The *"Puntos de partida"* questions require more thoughtful replies, in many cases rather detailed ones. Preparation of the responses to the questions may be either written or oral but should be done outside the classroom. Additional questions will occur to the instructor as the class is in progress, for it is through spontaneous repartee that the aim of this book is accomplished.

The three topics for written or oral discourse in *"Temas para disertación"* may be corrected either orally in class or handed to the instructor for individual annotation. Each student should choose one theme, because not all of the three topics in any given lesson will appeal to or be answerable by everybody. Of the three topics, there is always at least one that requires little imagination or linguistic accomplishment, and another one calculated to challenge the ingenuity of the best student. The list of words of any given unit is normally sufficient to meet the needs of at least one of these themes. Themes written in the first person do not necessarily have to be true, for at all times students are urged to combine imaginative inventiveness with linguistic skills and the vocabulary at their disposal.

The new and final exercise, *"Imaginar y presentar,"* presents a problem in English that students must act out and solve creatively in Spanish. The situation is based on a language function and incorporates the theme and vocabulary of the lesson. This exercise is best done in pairs or small groups and should be prepared beforehand, so that students can think it through. Each pair or group should be encouraged to present the solution to the class. This sort of *commedia dell'arte* can be entertaining and convert a reticent class into a lively one.

We acknowledge with thanks the comments and suggestions of the many users of earlier editions who have taken the time to let us know about their classroom experiences with CONVERSATION IN SPANISH. This book was originally written in 1968 and published in 1969 with a print order of only two thousand copies—which sold out in a couple of weeks. The same book, updated through the years like this Fifth Edition, is now en route to a million copies in its five languages. Few foreign-language textbooks have proved so durable, so it is time to thank you for sharing our notion of how to approach a conversation-composition class.

A Linguistic Note

A knotty problem in contemporary Spanish is the feminine ending of nouns denoting professions, occupations, or offices heretofore undertaken primarily by men. Is the female physician **la médico** or **la médica**? Is the female minister of government **la ministro** or **la ministra**? Sometimes uncertainty exists in English, too: to many ears "mailwoman" sounds contrived, while "mailperson" is obviously ambiguous. In Spanish, there is no neuter—we are limited to either the masculine or the feminine. From the masculine **el cartero** (mailman), we would have to derive **la cartera,** whose dictionary meaning is "wallet" or "briefcase." The feminine counterpart of "technician," **el técnico,** converts ambiguously into **la técnica,** which means "technique."

This problem is in a state of flux. When the latest dictionaries attempt to be prescriptive, they encounter wide discrepancy throughout the Hispanic world. In the present book we have endeavored to reflect mainly Castilian usage, but no unanimity can be found even there. Linguistic practices must await the passage of time before they become norms. Therefore, the treatment of masculine/feminine nouns will be as follows: **el(la) político(a)** or **el(la) ministro(a)**.

Tabla de materias

Aviso preliminar

A continuación encontrará Ud. una lista de palabras que aparecen con frecuencia en las lecciones siguientes, detalladas aquí para evitar excesiva repetición. Muchas de estas palabras ya las conoce. De lo contrario, le aconsejamos aprenderlas ahora, pues no figuran en ninguna de las listas de palabras en las lecciones. También le sugerimos que estudie los tiempos de verbos, los verbos irregulares más comunes y los números—todos los cuales se encuentran en el Apéndice. Las indicaciones establecidas para los verbos con cambios en la radical (**ie; ue; ie, i; ue, u; i, i**) aparecen entre paréntesis con los verbos en la lista de cada lección.

comprar to buy
costar (ue) to cost
deber (de) should, ought, owe
describir to describe
elegir (i, i) to choose
esperar to hope; to expect; to wait
explicar to explain
guardar to keep; to maintain; to hold
gustar to be pleasing (to like)
leer to read
mirar to look (at)
mostrar (ue) to show
nombrar to name
ocurrir to happen
pagar to pay
parecer to see; to appear
pasar to happen
preferir (ie, i) to prefer
querer (ie) decir to mean
servir (i, i) to serve; to be of use
significar to mean
suponer to suppose
usar to use; to wear (*articles of clothing and bodily adornments*)
vender to sell
vestir(se) (i, i) de to wear (*articles of clothing and bodily adornments*)

cerca de near, close to
delante de in front of
de nada you are welcome
después de after, afterwards
durante during
detrás de behind
encima de over; on top of
en frente de in front of
en primer plano in the foreground
entonces then
(Está) bien all right
gracias thank you
mientras (que) while, as long as
por favor please
pues well
situado situated
también too, also
(Vamos a) ver let's see

deber *m.* duty (*more lofty than* **quehacer**)
desventaja *f.* disadvantage
dibujo *m.* picture (*drawing*)
lugar *m.* place
objeto *m.* object
propósito *m.* purpose
quehacer *m.* duty, chore, task
semejanza *f.* similarity
ventaja *f.* advantage

además (de) besides
al fondo in the background
a la derecha on the right
a la izquierda on the left
al lado de at the side of, next to; beside
bajo, debajo de underneath, under
bueno well

1

to telephone, call, make a call **telefonear, llamar, hacer una llamada**

to dial a number **marcar un número**

to answer *(the telephone)* **contestar (al teléfono)**

to make a long-distance call **hacer una llamada de larga distancia; poner una conferencia**

to reverse the charges **cobrar al número llamado**

to have the wrong number **estar equivocado de número**

to cut off (a call) **cortar (la comunicación)**

to dial direct **marcar directo (directamente)**

to hang up **colgar (ue)**

to call collect **hacer una llamada de cobro revertido**

to accept the charges **aceptar el pago**

to pick up *(a receiver)* **levantar**

to ring **sonar (ue)**

to resort to; ask **recurrir a**

to wait *(for)* **esperar**

to hear **oír**

sure, certain **seguro**

the line is busy **la línea está ocupada**

hello! **dígame, diga** *(Spain)*; **bueno** *(Mexico)*; **aló** *(Colombia, Peru, Ecuador)*; **a ver** *(Colombia)*; **hola** *(Argentina, Uruguay)*

telephone **el teléfono**

receiver **el auricular**

pay (public) telephone **el teléfono público**

long distance **larga distancia**

telephone bill **la cuenta de teléfono**

telephone book **la guía telefónica, el directorio**

telephone booth **la cabina telefónica**

local call **la llamada local**

collect call **la llamada de cobro revertido** (*o* **a cobrar**)

station-to-station call **la llamada común («entre estaciones»)**

person-to-person call **la llamada de persona a persona**

operator **el, la telefonista; el operador, la operadora**

telephone number **el número de teléfono**

area code **la zona telefónica, el indicativo telefónico** *(Spain)*, **el código territorial** *(Spain)*, **el código de área**

party line **la línea compartida**

private line **la línea particular**

dial tone **la señal para (de) marcar, el tono para (de) marcar**

switchboard **el cuadro de distribución, el conmutador**

cord, wire **el cordón**

digit **el dígito, el número**

minimum charge **la tarifa mínima**

content **el contenido**

hand **la mano**

Hablando por teléfono

1

Análisis del dibujo

1. ¿Quién ha llamado a quién? ¿Puede Ud. estar seguro?
2. ¿Por qué cree Ud. que no está equivocado de número el muchacho?
3. ¿Desde qué clase de teléfono está llamando el muchacho?
4. ¿En qué mano tiene el auricular la muchacha? ¿Y el muchacho? ¿Dónde está la otra mano del muchacho?
5. Describa la conversación.

Puntos de partida

6. ¿Cuál es el número de teléfono de su casa?
7. ¿Cuántos dígitos tiene la zona telefónica?
8. ¿Por qué cuesta más una llamada de persona a persona que entre estaciones?
9. Si no se puede marcar directamente, ¿a quién se recurre para hacer una llamada de larga distancia?
10. ¿Cuánto cuesta una llamada local?
11. ¿Qué hace Ud. generalmente si al marcar oye que la línea está ocupada?
12. ¿Qué hace Ud. si se corta la comunicación durante una llamada de larga distancia?
13. Describa una guía telefónica y su contenido.
14. ¿Prefiere Ud. una línea compartida o una línea particular? ¿Por qué?
15. ¿Qué es un cuadro de distribución?
16. Si Ud. quiere hacer una llamada y no sabe el número, ¿qué puede hacer?
17. ¿A quién concoce Ud. que aceptaría el pago si le llamara a cobro revertido?
18. ¿Cuándo se oye la señal para marcar?
19. ¿Cuándo cuesta menos una llamada común de larga distancia?
20. ¿Cuántos minutos corresponden a la tarifa mínima de una llamada de larga distancia?

Temas para disertación

1. Mi padre (madre) y la cuenta de teléfono.
2. Cómo hacer una llamada de larga distancia de cobro revertido.
3. Una conversación telefónica.

Imaginar y presentar

From a telephone booth in San Francisco, a person has placed a long-distance call to 306-555-1478. When the number rings, someone in Florida picks up the receiver and says, "Hello." At this instant the call is cut off. The caller then dials the operator.

Enact the described situation in Spanish.

to listen (to) **escuchar**
to play *(a musical instrument)* **tocar**
to study **estudiar**
to ski **esquiar**
to smoke **fumar**
to annoy, bother **molestar**

neat, clean **aseado, limpio**
untidy, dirty **desarreglado, sucio**
quiet **silencioso**
noisy **ruidoso**

room **el cuarto**	can, container **el envase, la lata**
roommate **el compañero, la compañera de cuarto**	guitar **la guitarra**
	blanket **la manta, la frazada**
dormitory **la residencia de estudiantes, la residencia estudiantil**	bed **la cama**
	bunk bed **la cama en litera**
	bookcase **el estante para libros**
wall **la pared**	desk **el escritorio**
window **la ventana**	chair **la silla**
windowsill **la repisa de la ventana**	notebook **el cuaderno**
ski **el esquí**	pencil **el lápiz**
poster **el cartel**	watch **el reloj**
key **la llave**	eyeglasses **las gafas, los anteojos**
key ring **el llavero**	winter **el invierno**
cigarette **el cigarrillo**	snow **la nieve**
cigarette butt **la colilla**	male **el varón**
package *(of cigarettes)* **la cajetilla; el paquete**	hand **la mano**
	arm **el brazo**
(cigarette) lighter **el encendedor, el mechero**	wrist **la muñeca**
ashtray **el cenicero**	
radio **la (el) radio**	
lamp **la lámpara**	
light **la luz**	

Compañeros de cuarto

2

Análisis del dibujo

1. ¿Cuál de los dos compañeros de cuarto está estudiando?
2. ¿Cuál de los dos compañeros de cuarto está tocando la guitarra?
3. ¿Qué hay sobre el escritorio?
4. ¿Qué hay sobre la repisa de la ventana?
5. ¿Qué hay debajo de la repisa de la ventana?
6. ¿Quién tiene un lápiz y dónde está?
7. ¿Cómo sabe Ud. que es de noche y no de día?
8. ¿Dónde están los carteles? Descríbalos.
9. ¿Dónde están las manos y los brazos de los muchachos?
10. ¿Quién tiene un reloj y dónde está?
11. ¿Cómo sabe Ud. que alguien estuvo fumando?
12. Algunos libros están sobre el escritorio. ¿Dónde hay más libros?

Puntos de partida

13. ¿Cree Ud. que este dibujo muestra un típico cuarto de varones? ¿Por qué?
14. ¿Puede Ud. escuchar la radio y estudiar al mismo tiempo? ¿Por qué?
15. ¿Cuánto cuesta una cajetilla de cigarrillos?
16. ¿Qué hay sobre el escritorio de su cuarto?
17. ¿Prefiere Ud. estudiar de día o de noche? ¿Por qué?
18. ¿Tiene Ud. carteles en la pared de su cuarto? Descríbalos. Si no los tiene, ¿por qué no?
19. ¿Se puede esquiar cerca de donde Ud. vive? ¿Cuándo? Si no se puede, ¿por qué no?
20. Describa una persona que Ud. conoce que sepa tocar la guitarra.

Temas para disertación

1. La vida en una residencia estudiantil.
2. Cómo (o cómo no) estudiar.
3. Mi cuarto en la universidad (o en mi casa).

Imaginar y presentar

Two friends who room together and usually get along well have started an argument about study-time and annoying personal habits. One objects to the other's guitar-playing during study-time and failure to keep the room clean. The other is annoyed by the noise of the radio and the cigarette smoke. At this point two of their friends appear in the open doorway.

Enact the described situation in Spanish.

to mark the hem **marcar el dobladillo**
to measure **medir (i, i)**
to put, place **poner**
to put up one's hair **ponerse los rulos, marcarse el pelo**
to dry **secar**
to take time **tardar**
to need **necesitar**
to wear **llevar**
to live together **convivir**

useful **útil**
May I come in? **¿Se puede?**
Come in! **¡Pase!**

roommate **el compañero, la compañera de cuarto**
girl **la chica**
life *(with somebody)* **la convivencia**
yard **la yarda**
yardstick **la vara de medir**
inch **la pulgada**
foot **el pie**
record player, phonograph **el tocadiscos** *(pl.* **los tocadiscos)**
(phonograph) record **el disco**
tape recorder **el magnetófono, el magnetofón, la grabadora**
coat hanger **la percha**
photograph **la fotografía**
desk **el escritorio**
envelope **el sobre**
stationery **el papel de escribir**
letter **la carta**
hair **el pelo, el cabello**
curler *(for the hair)* **el rulo**
pin **el alfiler**
pin box **la caja de alfileres**

bulletin board **el tablón de anuncios**
notice, reminder **el aviso**
mirror **el espejo**
door **la puerta**
sofa, couch **el sofá**
dress **el vestido**
panty hose **las panty medias**
shoe **el zapato**
sandal **la sandalia**
pants *(for men or women)* **los pantalones**
plant **la planta**
curtain **la cortina**
lamp **la lámpara**
window **la ventana**
floor **el suelo**
rug **la alfombra**
mouth **la boca**
room *(space)* **el espacio**
room *(suite)* **el cuarto**

Compañeras de cuarto

3

Análisis del dibujo

1. ¿Qué está haciendo la muchacha con los alfileres en la boca?
2. ¿Por qué está la caja de alfileres en la alfombra?
3. ¿Para qué se usa la vara?
4. ¿Dónde está el espejo y quién se mira?
5. ¿Cuántas chicas cree Ud. que conviven en este cuarto?
6. ¿Quién lleva pantalones? ¿Quién lleva sandalias? ¿Quién lleva zapatos?
7. ¿Dónde hay libros?
8. ¿Qué está haciendo la chica al escritorio?
9. ¿Cuántas fotografías ve Ud. y dónde están?
10. ¿Qué objetos se ven en el espacio entre la puerta y la lámpara?
11. ¿Dónde está la percha y para qué está ahí?
12. ¿Cree Ud. que este dibujo representa un típico cuarto de chicas? ¿Por qué?

Puntos de partida

13. *Sólo para chicas:* ¿Cuándo prefiere Ud. llevar pantalones y cuándo un vestido?
14. ¿Cuánto se tarda en ponerse los rulos? ¿En secarse el pelo?
15. ¿Por qué es útil un tablón de anuncios?
16. ¿Cuándo escribe Ud. cartas y a quién?
17. ¿Cuántos alfileres se necesitan (más o menos) para marcar el dobladillo de un vestido? ¿Un alfiler cada cuántas pulgadas?
18. ¿Cuántas pulgadas hay en un pie, y cuántos pies en una yarda?
19. ¿Cuánto mide Ud. en pies y pulgadas?
20. ¿Cuánto mide Ud. en metros y centímetros? *(1 metro = 39.37 pulgadas; 1 centímetro = .39 de pulgada)*

Temas para disertación

1. Mi cuarto en la universidad (o en mi casa).
2. Cómo marcar un dobladillo.
3. Convivencia con mi compañero (compañera) de cuarto.

Imaginar y presentar

Three roommates, who get along well but need more space, are discussing how to arrange their possessions and the objects in the room to make it more livable. Suddenly there is a knock at the door.

Enact the described situation in Spanish.

to meet **reunirse**
to lecture **dar una conferencia**
to teach **enseñar**
to take notes **tomar apuntes**
to take (write) an exam **escribir un
    examen**
to attend class **asistir a clase**
to study **estudiar**
to listen **escuchar**
to pass **aprobar (ue)**
to fail **suspender**

if not **de lo contrario**
right-handed **que usa la mano
    derecha**
left-handed **zurdo; que usa la mano
    izquierda**
with his (her) back to **de espaldas a**
facing **frente a**

education **la enseñanza, la
    pedagogía**
student, pupil **el, la estudiante; el
    alumno, la alumna**
professor **el profesor, la profesora**
teacher **el maestro, la maestra**
college, university **la universidad**
high school **el instituto (de segunda
    enseñanza), el colegio; la
    escuela secundaria; la escuela
    superior**
course **la asignatura, el curso**
class **la clase**
"major" **la especialización**
classroom **la sala de clase**
explanation **la explicación**
lecture **la conferencia**
lecture hall **la sala de conferencias**
blackboard **la pizarra**
chalk **la tiza**
bench **el banco**
building **el edificio**
model, mock-up **la maqueta**

skull **el cráneo**
bridge **el puente**
eyeglasses **los anteojos, las gafas**
table **la mesa**
writer **el escritor, la escritora**
face **la cara**
anatomy **la anatomía**
architecture **la arquitectura**
engineering **la ingeniería**
literature **la literatura**
level **el nivel**

La sala de conferencias

Análisis del dibujo

1. ¿Quiénes usan gafas en estos dibujos?
2. ¿Cómo sabe Ud. cuál es la clase de anatomía?
3. ¿Qué está haciendo el profesor en cuya clase se ve la maqueta de un edificio?
4. ¿Quién está mostrando la maqueta de un puente?
5. ¿Cuál es la clase de literatura inglesa?
6. ¿En qué dos clases no se ven las caras de los estudiantes?
7. ¿Por qué no podemos ver la cara del profesor de arquitectura?
8. ¿Cuál es la diferencia entre los bancos de la clase de anatomía y los de la clase de ingeniería?
9. ¿En qué clase son visibles solamente dos estudiantes?
10. ¿Cuál de las cuatro clases le interesaría más? ¿Por qué?
11. ¿Quiénes usan la mano derecha y quiénes la mano izquierda en estos dibujos?

Puntos de partida

12. ¿Cuándo y por cuántos minutos se reúne su clase de español?
13. ¿Cuántas asignaturas tiene Ud. ahora y cuáles son dos de ellas?
14. ¿Qué es lo que más le gusta de ser estudiante?
15. ¿Qué es lo que menos le gusta de ser estudiante?
16. ¿Con qué se escribe en la pizarra?
17. ¿Cuándo se toman apuntes en la clase?
18. ¿Cuál es la diferencia entre una sala de clase y una sala de conferencias?
19. ¿Le gustaría a Ud. ser profesor? ¿Por qué? De lo contrario, ¿por qué no?
20. ¿Cuáles son algunas de las diferencias entre un instituto de segunda enseñanza y una universidad?

Temas para disertación

1. La razón por la cual no quiero suspender esta asignatura.
2. Cómo aprobar sin estudiar.
3. Descripción de mi clase de español.

Imaginar y presentar

There are sixteen students in the class. Eight passed the exam, eight did not. Each had an explanation, all different, for having passed or failed. Start a group discussion in Spanish that presents all sixteen explanations.

to read **leer**
to write **escribir**
to browse, leaf through **hojear**
to lend **prestar**
to find **encontrar (ue)**
to study **estudiar**
to takes notes **tomar apuntes**
to leave, go out **salir**

fictional **novelístico**
imaginary **imaginario**
true **verdadero**
noisy **ruidoso**
quiet **silencioso**
long **largo**
short **corto**
lately **últimamente**
briefly **brevemente**
yesterday **ayer**
hardly any **casi nada (de)**

library **la biblioteca**
librarian **el bibliotecario, la
  bibliotecaria**
professor **el profesor, la profesora**
teacher **el maestro, la maestra**
student, pupil **el, la estudiante; el
  alumno, la alumna**
book **el libro**
bookshelf, shelf **el estante**
bookshelves, book stacks **la
  estantería**
card catalog **el fichero**
magazine **la revista**
dictionary **el diccionario**
word **la palabra**
definition **la definición**
encyclopedia **la enciclopedia**
information **la información, los
  informes**
atlas **el atlas** (*pl.* **los atlas**)

reference book **la obra de consulta**
fiction **la novelística, la literatura
  de ficción***
novel **la novela**
short story **el cuento**
plot **la trama**
development, outcome of a plot **el
  desarrollo**
poetry **la poesía**
poem **el poema, la poesía**
play **la obra dramática, la obra de
  teatro, la pieza**
briefcase **la cartera, el portapapeles**
eyeglasses **los anteojos, las grafas**
chair **la silla**
skirt **la falda**
sweater **el suéter**
jeans **los pantalones vaqueros, los
  bluyines**
hand **la mano**

hair **el pelo, el cabello**
boy **el chico**
girl **la chica**
room **el cuarto**
majority **la mayoría**

* There is no Spanish term for the English concept "nonfiction." Ordinarily speakers of Spanish would
  refer to a specific type of writing, such as **el ensayo** (essay), **el periodismo** (journalism), and so on.

La biblioteca

Análisis del dibujo

1. ¿Cuántas personas se ven en este dibujo?
2. ¿Qué está haciendo la mayoría de los estudiantes?
3. ¿Quién sale y qué tiene en la mano?
4. ¿Quién tiene el pelo largo? ¿El pelo corto? ¿Casi nada de pelo?
5. ¿Dónde está la mayoría de los libros?
6. ¿Cómo sabe Ud. que esto es una biblioteca?
7. Describa a la estudiante en primer plano.
8. ¿Qué está haciendo la chica en frente del estante para revistas?
9. ¿Qué está haciendo la chica del pelo largo?

Puntos de partida

10. ¿Qué es una biblioteca?
11. Explique Ud. la diferencia entre *estante* y *estantería*.
12. ¿Dónde estudia Ud. mejor, en la biblioteca o en su cuarto? ¿Por qué?
13. ¿Cuáles son algunas de las diferencias entre un libro y una revista?
14. Explique Ud. la diferencia entre un diccionario y una enciclopedia.
15. ¿Qué es una obra de consulta? Nombre Ud. dos obras de consulta.
16. Explique Ud. la diferencia entre la novelística y la literatura que no es novelística.
17. Describa Ud. brevemente la trama de un cuento o de una novela que ha leído.
18. ¿Qué significa *hojear*?
19. ¿Por qué no se debe escribir en los libros de la biblioteca?
20. Describa la biblioteca de su escuela o de su universidad.

Temas para disertación

1. Lo que se encuentra en una biblioteca.
2. Un buen libro que he leído últimamente.
3. Al salir de la biblioteca ayer....

Imaginar y presentar

A student cannot find a certain reference book on the shelf. Since the library does not lend reference books, it is probably in use. With the librarian's help the book is found on a table, where another student is leafing through the book and taking notes. When the two students agree to use the book together, the librarian leaves, but only briefly, as their conversation becomes too noisy.

Enact the described scene in Spanish.

to dance **bailar**
to check one's coat **depositar el abrigo**
to sing **cantar**
to stay out late **trasnochar**
to have fun, enjoy oneself **divertirse**
 (ie, i)
to play *(music, a musical instrument, or*
 a phonograph record) **tocar**
to smile **sonreírse**
to laugh **reírse**
to hire **alquilar**
to resemble **parecerse**

happy **feliz**
different **distinto**

dance **el baile**
disco **la discoteca**
(over)coat, wrap **el abrigo**
cloakroom **el guardarropa**
record player, phonograph **el**
 tocadiscos (*pl.* **los tocadiscos**)
(phonograph) record **el disco**
intermission **el descanso**
refreshment **el refresco**
pitcher **la jarra**
glass **el vaso**
tray **la bandeja**
sandwich **el bocadillo** *(Spain),* **el**
 emparedado, el sandwich
bracelet, watch strap **la pulsera**
wristwatch **el reloj de pulsera**
musician **el músico, la música**
guitar **la guitarra**
drum **el tambor**
wind instrument **el instrumento de**
 viento
trumpet **la trompeta**
trombone **el trombón**

clarinet **el clarinete**
saxophone **el saxofón**
waltz **el vals**
rock music **el roc**
folk music **la música folk**
rock group, band **el conjunto**
partner *(at a dance)* **el compañero,**
 la compañera de baile
time *(occasion)* **la vez**
time *(duration)* **el tiempo**
time *(rhythm, beat)* **el compás**
wall **la pared**

El baile

6

Análisis del dibujo

1. ¿Qué son los refrescos y dónde están?
2. ¿Qué clase de música parece estar tocando el conjunto?
3. Describa a los músicos o describa lo que están haciendo.
4. ¿Por qué es evidente que la gente joven del dibujo se está divirtiendo?
5. ¿Quién parece ser una de las personas más felices de este dibujo, y por qué?
6. ¿Cuáles de las muchachas del dibujo usan pulseras?
7. ¿Quiénes no están bailando?
8. ¿Qué es un guardarropa y dónde está en este dibujo?
9. ¿Dónde están las decoraciones?
10. Describa el dibujo en general.

Puntos de partida

11. Cuando va Ud. a un baile con un compañero (una compañera) que no conoce muy bien, ¿de qué pueden hablar?
12. ¿Cual es una de las diferencias entre el vals y el roc?
13. ¿En qué se parecen la trompeta, el clarinete, el saxofón y el trombón?
14. ¿Hasta qué hora ha trasnochado? ¿Cuándo? ¿Por qué?
15. ¿Qué instrumento musical es el más típico para la música folk?
16. ¿Por cuánto tiempo es uno un «teenager»?
17. Explique Ud. la diferencia entre un conjunto, una banda y una orquesta.
18. ¿Dónde se deposita el abrigo durante un baile?
19. ¿Cómo puede la gente joven dar un baile sin alquilar músicos?
20. ¿Qué puede uno hacer durante los descansos del baile?

Temas para disertación

1. Distintas clases de música.
2. Lo que pasa cuando trasnocho.
3. Descripción de un baile en la escuela o la universidad.

Imaginar y presentar

Your friends invite you to a party featuring your favorite local band. After dancing all night you and some others are invited to meet the musicians.

Enact the described scene in Spanish.

to sit down **sentarse (ie)**
to sleep **dormir (ue, u)**
to fall asleep **dormirse (ue, u)**
to watch television **ver la televisión**
to knit **tejer a punto de aguja, hacer
    calceta**
to read **leer**
to listen to **escuchar**

comfortable **cómodo**
at home **en casa**

member of the family **el miembro de la familia**	picture, painting **el cuadro**
relative **el, la pariente**	photograph **la fotografía**
relationship (*family*) **el parentesco**	window **la ventana**
husband **el esposo , el marido**	television set **el televisor**
wife **la esposa, la mujer**	television **la televisión**
son **el hijo**	color television **la televisión en color(es)**
daughter **la hija**	channel **el canal**
nephew **el sobrino**	station **la estación**
niece **la sobrina**	television program **el programa de televisión**
grandfather **el abuelo**	commercial **el anuncio comercial**
grandmother **la abuela**	radio **la (el) radio**
grandson **el nieto**	furniture **los muebles**
granddaughter **la nieta**	armchair **el sillón**
brother **el hermano**	table **la mesa**
sister **la hermana**	lamp **la lámpara**
uncle **el tío**	sofa, couch **el sofá**
aunt **la tía**	magazine **la revista**
cousin **el primo, la prima**	lap **el regazo, la falda**
home **el hogar**	eyeglasses **los anteojos, las gafas**
floor **el suelo**	slipper **la zapatilla**
living room **la sala**	
wall **la pared**	

La familia

7

Análisis del dibujo

1. ¿Qué miembros de esta familia están en casa?
2. ¿Qué hora de la noche cree Ud. que es? ¿Por qué?
3. ¿Quiénes están sentados en el sofá?
4. ¿Quién está sentado en el suelo? ¿En el sillón?
5. ¿Como sabe Ud. que el padre estuvo leyendo?
6. ¿Cree Ud. que el padre está cómodo? ¿Por qué?
7. ¿Dónde está el televisor?
8. ¿Qué está haciendo la madre mientras ve la televisión?
9. Describa Ud. la decoración de la sala.

Puntos de partida

10. ¿Dónde y cuándo ve Ud. la televisión?
11. ¿Dónde y cuándo escucha Ud. la radio?
12. ¿Cuál es la diferencia entre un canal y una estación?
13. ¿Cuál es su programa de televisión favorito, y por qué es su favorito?
14. En la radio y en la televisión, ¿qué es un anuncio comercial?
15. Describa Ud. a su familia.
16. Describa Ud. a uno de sus parientes favoritos.
17. ¿Cuál es su parentesco con la hermana de su padre? ¿Con la hija de su abuelo? ¿Con la hija del hermano de su madre? ¿Con su tío?
18. Describa Ud. lo que es en su opinión una familia ideal; es decir, ¿cuántos miembros debe tener y por qué?
19. Describa Ud. a una familia famosa.
20. Explique Ud. la diferencia entre una casa y un hogar.

Temas para disertación

1. Por qué generalmente (no) me gusta la televisión.
2. Por qué se ha dormido el padre en este dibujo.
3. Mi hogar y mi familia.

Imaginar y presentar

A family is seated in the living room after dinner. Suddenly their attention is captured by a television commercial that starts a discussion among all members of the family.

Enact this discussion in Spanish.

to make the bed **hacer la cama**
to clean (house) **limpiar (la casa)**
to dust **sacudir los polvos, quitar el
   polvo**
to sweep **barrer**
to play *(a musical instrument)* **tocar**

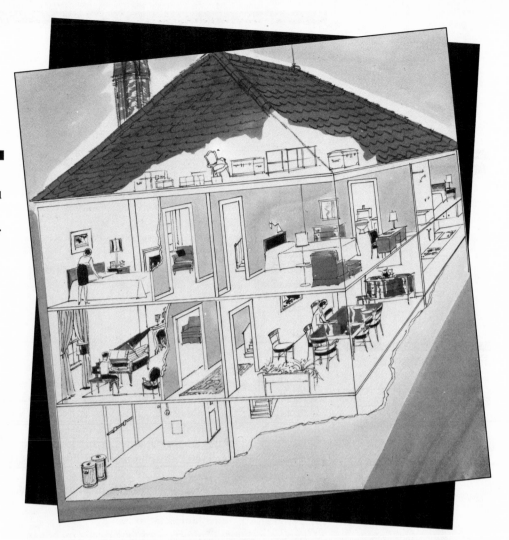

home **el hogar**
two-story house **la casa de dos pisos**
floor plan **la planta**
ground floor **la planta baja**
upper floor **la planta alta**
roof **el tejado, la azotea**
cellar, basement **el sótano**
attic **la guardilla**
ceiling **el techo**
stairway **la escalera**
chimney, fireplace **la chimenea**
lightning rod **el pararrayos**
heating system **la calefacción**
garbage can **el cubo para basuras**
curtain, drape **la cortina**
window **la ventana**
doorway **el portal**
wall **la pared**
room **el cuarto**
living room **la sala**
dining room **el comedor**
bedroom **la alcoba, la recámara**
   (Mexico)

bathroom **el (cuarto de) baño**
kitchen **la cocina**
corridor **el corredor, el pasillo**
furniture **los muebles**
dining-room table **la mesa de
   comedor**
buffet, sideboard **el aparador**
picture **el cuadro**
planter **la jardinera**
rug **la alfombra**
lamp **la lámpara**
dresser, chest of drawers **la cómoda**
desk **el escritorio**
bed **la cama**
chair **la silla**
armchair **el sillón**
footstool, hassock **la banqueta, el
   puf**
trunk **el baúl**
floor *(on which one walks)* **el suelo,
   el piso**
floor *(story)* **el piso**

housework **los quehaceres
   domésticos**
"dream house" **la casa soñada**

16

El hogar

8

Análisis del dibujo

1. ¿Cuántos pisos tiene esta casa, y cuáles son?
2. ¿Dónde están los cubos para basuras?
3. ¿Qué ve Ud. en la guardilla?
4. ¿Dónde ve Ud. una alfombra en esta casa?
5. ¿Por qué tiene chimenea esta casa?
6. ¿Qué más hay en el tejado?
7. Describa lo que ve en el comedor.
8. ¿Donde está la cocina?
9. ¿Qué dos sillones tienen banqueta?
10. Uno de los baños es visible. ¿Dónde está?
11. ¿Dónde está la escalera?
12. ¿Por qué puede ver el muchacho para tocar el piano de día o de noche?
13. ¿Es de día o de noche? ¿Por qué?
14. Describa la decoración de la alcoba donde hay un escrito.
15. ¿Le gustaría a Ud. vivir en esta casa? ¿Por qué? ¿Por qué no?

Puntos de partida

16. ¿Cuáles son algunos quehaceres domésticos?
17. ¿Qué se guarda generalmente en baúles en la guardilla?
18. Describa el sótano típico.
19. ¿Cuál es la ventaja de la casa de solamente un piso?
20. ¿Cuántas alcobas necesita una familia de cuatro personas?

Temas para disertación

1. Mi casa soñada.
2. Los cuartos y los muebles de una casa.
3. Cómo limpiar la casa.

Imaginar y presentar

A group of tourists is visiting a famous home. As the visitors enter each room, they express their opinions and compare thoughts on their own dream houses.

Enact this discussion in Spanish.

to eat **comer**
to be hungry **tener hambre**
to cook **cocinar**
to take (*eat, drink*) **tomar**
to serve **servir (i,i)**
to wash dishes **lavar los platos**
to place **colocar**
to open **abrir**
to cover **cubrir**
to pass (*dish, utensil, etc.*) **pasar**

hot **caliente**
cold **frío**
still, yet **todavía**

kitchen, cooking **la cocina**
appliance **el electrodoméstico**
stove **la estufa, la cocina de gas, la cocina eléctrica**
burner **el mechero, la hornilla**
back burner **el quemador trasero**
front burner **el quemador delantero**
pot **la olla, la caldera**
(sauce)pan, casserole **la cacerola**
frying pan **la sartén**
pressure cooker **la olla de presión**
oven **el horno**
microwave oven **el horno microonda**
sink **el fregadero**
fan **el ventilador**
refrigerator **la nevera, el refrigerador, el frigorífico**
automatic dishwasher **el lavaplatos automático, el lavavajillas**
garbage disposal **la moledora de basura**
handle **el tirador**

cupboard, closet **el armario, la alacena**
coffee **el café**
coffee pot **la cafetera**
cup **la taza**
bread basket **la panera**
bread **el pan**
roll **el panecillo**
salad **la ensalada**
salad bowl **la ensaladera**
salt **la sal**
pepper **la pimienta**
vinegar **el vinagre**
oil **el aceite**
bottle **la botella**
soup tureen **la sopera**
ladle **el cucharón**
glass (*container*) **el vaso**
wineglass **la copa**
wine **el vino**
milk **la leche**
cork **el corcho**
plate, dish **el plato**

napkin **la servilleta**
meal **la comida**
dessert **el postre**
food **el alimento, la comida**
detergent **el detergente**
windowsill **la repisa de la ventana**
flowerpot **la maceta, el florero, el tiesto**

18

La cocina

9

1. ¿Quién cree Ud. que tiene más hambre? ¿Por qué?
2. ¿Qué tiene el padre en la mano y qué está haciendo?
3. ¿Qué electrodomésticos no tiene esta cocina (o no son visibles)?
4. ¿En qué quemador está la cafetera?
5. ¿Cuándo se servirá el café? ¿Cómo lo sabe Ud.?
6. ¿Qué objetos hay sobre la repisa detrás del fregadero?
7. ¿Cree Ud. que el refrigerador está bien colocado? ¿Por qué? ¿Por qué no?
8. ¿Por qué está mal colocado el tirador de la puerta del refrigerador?
9. ¿Dónde hay una alacena? ¿Un ventilador?
10. ¿Cómo sabe Ud. que la botella de vino ya se ha abierto pero todavía no se ha servido?
11. ¿Quiénes van a tomar vino? ¿Quiénes no van a tomar vino? ¿Cómo lo sabe Ud.?
12. ¿Qué contienen las botellas cerca de la sal y la pimienta?
13. ¿Cuándo comerán la fruta?
14. ¿Dónde está la ensaladera?
15. ¿Es ésta una familia americana o europea? Explique su opinión.

Puntos de partida

16. ¿Por qué se cubren con una servilleta el pan o los panecillos en la panera cuando salen del horno?
17. ¿Cúando prefiere Ud. comer la ensalada?
18. Describa Ud. la cocina de su casa.
19. ¿Por qué (no) le gusta a Ud. comer en la cocina?
20. ¿Prefiere Ud. lavar los platos o cocinar? ¿Por qué?

Temas para disertación

1. Los electrodomésticos de una cocina.
2. Las ventajas y desventajas de comer en la cocina.
3. La comida y cómo se sirve en mi escuela o en mi universidad.

Imaginar y presentar

At dinnertime in a typical home we might expect the mother to prepare the meal, the father to serve it, and the children to fight at the table. But imagine all members of the family in the illustration on the previous page have reversed the stereotype.

Enact the dialog at the table in Spanish.

to run the water **hacer correr el agua**

to turn on the water faucet **abrir el grifo, abrir la llave**

to turn off the water **cortar el agua**

to take a bath **bañarse, darse un baño**

to take a shower **ducharse, darse una ducha**

to wash (up) **lavarse**

to dry (off) **secarse**

to splash **salpicar**

to brush one's teeth **cepillarse los dientes**

to shave (oneself) **afeitarse, rasurarse**

to fall **caer**

to put, place **poner, colocar**

alone **solo**

how often? **¿con qué (cuánta) frecuencia?**

as well as **tanto...como**

bathroom **el (cuarto de) baño**

bathrobe **el albornoz** *(when made of terry cloth)*, **la bata**

towel **la toalla**

towel rack **el toallero**

sink **el lavabo**

faucet, spigot **el grifo, la llave**

soap **el jabón**

toothbrush **el cepillo de dientes**

toothpaste **la pasta de dientes, la pasta dentífrica**

electric razor **la máquina de afeitar eléctrica**

safety razor **la maquinilla de afeitar**

straight razor, barber's razor **la navaja de afeitar**

shaving cream **la crema de afeitar**

cord **el cordón**

(electrical) plug **el enchufe**

(electrical) outlet **la toma de corriente**

(electrical) shock **la sacudida (eléctrica)**

bottle **la botella**

nail polish **el esmalte para las uñas**

mirror **el espejo**

glass *(container)* **el vaso**

ceiling **el techo**

floor **el suelo, el piso**

toilet **el inodoro**

bidet **el bidé**

bathtub **la bañera, la bañadera**

shower **la ducha**

(shower) curtain **la cortina (de la ducha)**

shelf **el estante**

pajamas **el pijama**

rug **la alfombra**

counter **la repisa**

fan **el ventilador**

El baño

10

Análisis del dibujo

1. ¿Cómo sabe Ud. que el hombre va a darse un baño y no una ducha?
2. ¿Puede ser este baño tanto europeo como norteamericano? ¿Por qué?
3. ¿Qué hay sobre el suelo?
4. ¿En qué tres lugares hay toallas?
5. ¿Qué objetos del dibujo le hacen suponer que este hombre no vive solo?
6. ¿Dónde hay un ventilador?
7. ¿Qué objetos se pueden ver delante del hombre y a su derecha?
8. ¿Dónde está el inodoro? ¿Dónde está el bidé?
9. ¿Cómo está vestido el hombre?
10. ¿Por qué no ve Ud. crema de afeitar en este dibujo?
11. ¿Qué hay en cada extremo del cordón?
12. ¿Dónde está la toma de corriente para la máquina de afeitar eléctrica?
13. ¿Por qué no debe estar la toma de corriente tan cerca del lavabo como lo está aquí?

Puntos de partida

14. ¿Para qué se usan las toallas?
15. ¿Para qué se usa una cortina de baño?
16. ¿Cómo se hace correr el agua?
17. ¿Se ducha antes de afeitarse o después? ¿Por qué?
18. ¿Con cuánta frecuencia se cepilla Ud. los dientes?
19. Explique Ud. la diferencia entre la función de una bañera y la función de un lavabo.
20. ¿Prefiere Ud. la ducha o el baño? ¿Por qué?

Temas para disertación

1. Los cuartos de baño—antiguos y modernos.
2. Las ventajas de una máquina de afeitar eléctrica.
3. Del hombre que puso crema de afeitar en su cepillo de dientes.

Imaginar y presentar

Four students who share two dormitory rooms and one bathroom are discussing ways to improve their general living conditions. Central to their discussion is the use of and responsibility for the bathroom.

By enacting their discussion in Spanish, help them come up with a schedule for use and maintenance of the bathroom.

to set the table **poner la mesa**
to clear the table **quitar la mesa**
to serve **servir (i, i)**
to pour **verter (ie, i), servir (i, i)**
to toast (to) **brindar (por)**
to place **colocar**
to sit down **sentarse (ie)**
to eat **comer**

formal **de etiqueta**
informal **sin ceremonia**
well-mannered, dutiful, serious-
    minded, appropriate **formal**
poorly trained, unreliable **informal**
still, yet **todavía**

etiquette **la etiqueta**
usage **la costumbre**
host, hostess **el anfitrión, la anfitriona**
guest **el convidado, la convidada, el invitado, la invitada**
guest of honor **el convidado, invitado de honor**
tablecloth **el mantel**
napkin **la servilleta**
place setting *(utensils collectively)* **el cubierto**
soup bowl **el plato sopero, el plato hondo**
saucer **el platillo**
dinner plate **el plato llano**
butter dish **la mantequera**
dinner knife **el cuchillo**
butter knife **el cuchillo de mantequilla**
dinner fork **el tenedor**
salad fork **el tenedor de ensalada**
dessert fork **el tenedor de postre**

teaspoon **la cucharilla**
soup spoon, tablespoon **la cuchara (de sopa)**
pitcher **la jarra**
water **el agua** *f.*
wine **el vino**
wine basket **la canasta para el vino**
handle *(of a basket or pitcher)* **el asa** *f.*
water glass **el vaso**
wineglass **la copa**
saltshaker **el salero**
pepper shaker **el pimentero**
ashtray **el cenicero**
cigarette **el cigarrillo**
(cigarette) lighter **el encendedor, el mechero**
chair **la silla**
flower arrangement, centerpiece **el ramo de flores, el centro de mesa**
head of the table **la cabecera**

center of the table **el centro de la mesa**
food; meal; heavy lunch **la comida**
lunch, luncheon **el almuerzo**
dinner, supper **la cena**
waiter **el camarero**
waitress **la camarera**
tray **la bandeja**

La mesa

11

Análisis del dibujo

1. ¿Cómo se sabe que la comida todavía no se ha servido?
2. ¿Cómo se sabe que esta cena será de etiqueta?
3. ¿Qué se servirá en el vaso y en la copa?
4. ¿Cuál de los dos tenedores a la izquierda es el tenedor de ensalada?
5. ¿Hay algo que le indique a Ud. que la mesa no ha sido puesta según la costumbre europea? Si es así, explíquelo.
6. ¿Por qué hay una cuchara y una cucharilla en cada cubierto?
7. ¿Dónde han sido colocadas las servilletas?
8. ¿Qué hay en el centro de la mesa?
9. ¿Quién se sentará a la cabecera?
10. Si hay dos anfitriones, ¿cuántos invitados vienen a la cena?
11. ¿Qué hay a la derecha de cada plato?
12. ¿Dónde están el salero y el pimentero?
13. ¿Dónde se han puesto los cuchillos de mantequilla?
14. ¿Por qué están las canastas para el vino en el lugar en que están?
15. ¿Qué cosas hay sobre las bandejitas delante de los cubiertos de los anfitriones?
16. ¿A la izquierda de quién estará la jarra?

Puntos de partida

17. ¿Cómo se brinda?
18. ¿Cuáles son las obligaciones de un camarero o de una camarera?
19. ¿Cuál es la diferencia entre un plato y un platillo? ¿Entre una cuchara y una cucharilla?
20. ¿Qué le diría Ud. a un invitado que le dice que no le gustó la comida que Ud. le ha servido?

Temas para disertación

1. La etiqueta para poner la mesa.
2. Mi experiencia como camarero o camarera.
3. Los vinos.

Imaginar y presentar

After enjoying a formal meal served on an elegantly-set table in a Spanish home, it is now time for the guests to relish in some after-dinner conversation along with one more glass of a special Spanish wine. With compliments to the host and hostess, and several toasts, much of the attention centers on the guest of honor.

Enact the described scene in Spanish and include as many guests as you like.

to breathe **respirar**
to bend **doblar**
to join, connect **unir**
to weigh **pesar**
to close **cerrar (ie)**
to draw, sketch **dibujar**

healthy **sano**
unhealthy **enfermo**
strong **fuerte**
weak **débil**
tall **alto**
short **bajo**
thin, slender **delgado**
skinny **flaco**
heavy **pesado**
fat **gordo**
young **joven**
old **viejo**
right **derecho**
left **izquierdo**

body **el cuerpo**	wisdom tooth **la muela del juicio**	fingernail **la uña**
man, male **el hombre, el varón**	chin **el mentón , la barba, la**	fist **el puño**
woman **la mujer**	**barbilla**	waist **la cintura**
face **la cara**	beard **la barba**	hip **la cadera**
head **la cabeza**	neck **el cuello**	buttock **la nalga**
forehead, brow **la frente**	trunk *(of the body)* **el tronco**	thigh **el muslo**
skull **el cráneo**	shoulder **el hombro**	leg **la pierna**
brain **el cerebro**	back **la espalda**	knee **la rodilla**
hair **el pelo, el cabello**	chest **el pecho**	calf **la pantorrilla**
eye **el ojo**	breast **el pecho, el seno**	ankle **el tobillo**
eyelid **el párpado**	bosom **el seno**	foot **el pie**
eyelash **la pestaña**	arm **el brazo**	toe **el dedo del pie**
eyebrow **la ceja**	elbow **el codo**	toenail **la uña del dedo del pie**
ear *(exterior)* **la oreja**	wrist **la muñeca**	bone **el hueso**
ear *(interior)*, hearing **el oído**	hand **la mano**	joint **la coyuntura**
nose **la nariz, las narices**	palm **la palma**	skin **la piel**
nostril **la nariz**	knuckle **el nudillo**	blood **la sangre**
cheek **la mejilla**	finger **el dedo**	artery **la arteria**
temple **la sien**	thumb **el pulgar**	vein **la vena**
jaw **la mandíbula**	index finger **el dedo índice**	heart **el corazón**
mouth **la boca**	middle finger **el dedo del corazón**	stomach **el estómago**
lip **el labio**	ring finger **el dedo anular**	lung **el pulmón**
tongue **la lengua**	little finger **el dedo meñique**	muscle **el músculo**
tooth **el diente**	ring **el anillo**	human **humano**

El cuerpo humano

Análisis del dibujo

1. Describa Ud. el aspecto físico general del hombre y de la mujer.
2. ¿Qué partes de la pierna izquierda del varón no son visibles?
3. ¿Cuál de los modelos es más alto? ¿Cuál pesa menos?
4. ¿Qué es lo que está dibujando el artista en primer plano a la derecha?

Puntos de partida

5. ¿Qué une la cabeza con el tronco?
6. Nombre Ud. las partes de la cara.
7. Explique Ud. la diferencia entre *cejas* y *pestañas*.
8. ¿Qué hay en el cráneo?
9. ¿Cuántos dientes tiene un adulto normal?
10. Si una persona es gorda, ¿en qué parte del cuerpo es más visible esta condición?
11. ¿Cómo circula la sangre?
12. ¿Cuántos dedos tenemos?
13. ¿Cómo se llaman los cinco dedos en español?
14. Si Ud. lleva anillo, ¿en qué dedo de qué mano lo lleva? Si no lleva anillo, ¿por qué no?
15. ¿Qué partes de la mano y del pie no tienen piel?
16. ¿Cuál es la función de los pulmones?
17. Nombre Ud. todas las partes del cuerpo que están debajo del muslo.
18. ¿Qué partes del cuerpo pueden doblarse?
19. ¿Cómo se llama una mano cerrada?
20. Nombre Ud. dos partes del cuerpo que sean visibles por detrás y dos que sean visibles por delante.

Temas para disertación

1. Cómo funciona el cuerpo humano.
2. Cómo estar sano.
3. El hombre o la mujer ideal.

Imaginar y presentar

Imagine that you have just witnessed a crime. In order to help the police find the suspect(s), you are asked to give complete physical description(s) to the composite artist, played by another student.

Enact the discussion in Spanish between you and the artist.

to cut hair **cortar el pelo**
to get a haircut **ir a cortarse el pelo**
to shave (oneself) **afeitarse,
    rasurarse**
to wash hair **lavar el pelo**
to rinse **enjuagar, aclarar**
to comb (out) **peinar**
to put (on) **poner(se)**
to put up hair **poner los rulos**
to set **marcar**
to dry **secar**
to bleach **blanquear**
to dye **teñir (i, i)**
to tease (hair) **batir**
to manicure **hacer la manicura**

handsome, good-looking **guapo**
blond **rubio**
brunette **moreno, trigueño** *(light
    brown)*
redhaired **pelirrojo**
bald **calvo**
short **corto**
long **largo**
in front of **ante**
left-handed **zurdo; que usa la mano
    izquierda**

grooming **el arreglo personal**
barbershop **la peluquería, la
    barbería**
barber **el peluquero, el barbero**
beauty parlor, hairdresser's **el salón
    de belleza, la peluquería para
    señoras**
beautician, hairdresser **el peluquero,
    la peluquera**
head **la cabeza**
face **la cara**
hair **el pelo, el cabello**
haircut **el corte de pelo**
comb **el peine**
brush **el cepillo**
scissors **las tijeras**
curly hair **el pelo rizado**
wavy hair **el pelo ondulado**
straight hair **el pelo liso**
permanent wave **el ondulado
    permanente**
braid **la trenza**
wig **la peluca**

hair style, hairdo **el (estilo de)
    peinado, la tocadura**
hair spray **la laca**
shampoo **el champú**
soap **el jabón**
dryer **el secador, la secadora de
    pelo**
roller, curler **el rulo**
hairpin **la horquilla de moño**
bobby pin **la horquilla, la bincha**
manicure; manicurist **la manicura**
fingernail **la uña**
nail file **la lima (de uñas)**
nail polish **el esmalte para las uñas**
nail-polish remover **el quitaesmalte**
perfume **el perfume**
mascara **el rimel**
eye shadow **la sombra (de ojos)**
lotion **la loción**
bottle, container **la botella, el
    envase**
mirror **el espejo**
shave **el afeitado**

(safety) razor **la maquinilla de
    afeitar**
electric razor **la máquina de afeitar
    eléctrica**
chin **el mentón, la barba, la
    barbilla**
beard **la barba**
moustache **el bigote**
sideburns **las patillas**
eyelash **la pestaña**
eyebrow **la ceja**
eyelid **el párpado**

El arreglo personal

13

Análisis del dibujo

1. En la barbería, ¿cómo se sabe que el barbero es zurdo?
2. ¿Qué le está haciendo el peluquero a la señora?
3. ¿Qué es lo que están haciendo las dos peluqueras al fondo?
4. ¿Qué contienen los varios envases que vemos en tres de los dibujos?
5. ¿Qué es lo que está haciendo la señora ante el espejo?
6. ¿Qué es lo que está admirando el señor ante el espejo?

Puntos de partida

7. Hay peluquerías "unisexo". ¿Qué es eso?
8. En el salón de belleza, ¿qué hace la peluquera antes de marcar el pelo?
9. ¿Qué ocurre después de tener los rulos puestos?
10. ¿Qué es una manicura? *(persona y cosa)*
11. ¿Qué puede hacer una morena que quiere ser rubia o pelirroja?
12. ¿Cuándo se usan horquillas?
13. ¿En qué parte de la cara se pone la sombra de ojos? ¿Y el rimel?
14. ¿Qué es champú?
15. ¿Con cuánta frecuencia va Ud. a cortarse el pelo?
16. Describa Ud. su pelo.
17. Explique Ud. la diferencia entre bigote, barba y patillas.
18. ¿Cómo se llama el pelo artificial?
19. ¿Con qué prefiere Ud. afeitarse: con una maquinilla o con una máquina de afeitar eléctrica? ¿Por qué?
20. ¿En que famosa ópera italiana hay un barbero español?

Temas para disertación

1. Descripción de una peluquería (para señores o para señoras).
2. El problema de mi pelo (o peinado).
3. El arreglo personal.

Imaginar y presentar

After work, two hairdressers are discussing the day's events at the shop, including anecdotes about the clients and their requests.

Enact this discussion in Spanish.

to play *(a sport)* **jugar (ue) (a)**
to win **ganar**
to lose **perder (ie)**
to throw **tirar, echar, lanzar**
to hit *(a ball)* **dar a**
to serve *(a ball)* **sacar, servir (i, i)**
to score a point **ganar un punto**
to run **correr**
to jog **trotar, hacer footing**

today **hoy**

sport **el deporte**
sports fan **el, la deportista**
sportsmanship **el juego limpio**
athlete **el, la atleta**
amateur **el aficionado, la aficionada**
professional **el, la profesional**
spectator **el espectador, la espectadora**
game *(in general)* **el juego**
game *(specific match or contest)* **el partido**
meet **el concurso**
player **el jugador, la jugadora**
team **el equipo**
referee, umpire **el árbitro, la árbitra**
point **el punto, el tanto**
tie, draw **el empate**
stadium **el estadio**
court **la cancha**
field **el campo**
line **la línea**
ball **la pelota**
singles **el partido de individuales**

doubles **el partido de dobles**
tennis **el tenis**
racket **la raqueta**
net **la red**
soccer **el fútbol**
goal post **el poste (de la meta)**
goal line **la raya (de la meta)**
goal **la meta, el gol**
goalkeeper **el portero, el guardameta**
basketball **el baloncesto, el basquetbol**
track and field **las carreras y los saltos**
track *(on which one runs)* **la pista**
race **la carrera**
tape **la cinta**
football **el fútbol norteamericano**
baseball **el béisbol**
boxing **el boxeo**
heavyweight **el peso pesado, los pesos pesados**
golf **el golf**

golf club **el palo de golf**
badminton, shuttlecock **el volante**
volleyball **el volibol**
swimming **la natación**
horseback riding **la equitación**
wrestling **la lucha**
fencing **la esgrima**
skating **el patinaje**
skiing **el esquiismo**
hockey **el hockey**
lacrosse **la crosse**
champion **el campeón, la campeona**

Los deportes

14

Análisis del dibujo

1. ¿Cuáles son los cuatro deportes que vemos en el dibujo?
2. Identifique Ud. las pelotas y las redes visibles.
3. Tenis: ¿cree Ud. que éste es un partido de individuales o de dobles? ¿Por qué?
4. Fútbol: ¿cuál es el portero?
5. Carrera: ¿quién va a ganarla (o la ha ganado)?

Puntos de partida

6. ¿Qué es un atleta?
7. ¿Cuántos jugadores son necesarios para un partido de baloncesto?
8. ¿En cuántos jugadores consiste un equipo de béisbol?
9. ¿Para qué deporte se necesita un animal?
10. ¿Qué deportes se juegan en una cancha y cuáles se juegan en un campo?
11. Explique Ud. lo que es un estadio.
12. ¿Cuánto puede costar una buena raqueta de tenis o un buen palo de golf?
13. ¿Para qué sirve la cinta en las carreras?
14. Nombre Ud. al campeón de los pesos pesados de boxeo. Si no puede nombrarle, ¿por qué?
15. Explique Ud. lo que es un empate.
16. ¿Dónde y cuándo se puede hacer footing?
17. ¿En qué deporte participa Ud. o qué deporte le gusta mirar?
18. En pocas palabras describa Ud. un partido que vio.
19. ¿Por qué puede o no puede Ud. jugar al golf hoy?
20. Explique Ud.: "No importa si se gana o se pierde, sino cómo se ha jugado".

Temas para disertación

1. Mi equipo.
2. Los deportes en mi escuela o en mi universidad.
3. Cómo jugar a _____.

Imaginar y presentar

The team has lost another game. At a meeting after the game, the players are discussing what went wrong. Each player has a different opinion.

Enact this discussion in Spanish.

to have (go on) a picnic **pasar un día en el campo** (*o* **de campo**)
to make a sandwich **preparar un emparedado**
to cut, slice **cortar**
to pack, prepare **empaquetar, preparar**
to forget **olvidar(se)**
to find **encontrar (ue)**
to look for **buscar**
to park **aparcar(se), estacionar(se)**
to kneel **arrodillarse**
to discard, throw away **tirar, descartar**
to tell, narrate **contar (ue)**
to uncork **destapar**

sunny **soleado**
shady **sombrío; a la sombra**
never; ever **jamás**
...style **al estilo...**
pleasant **agradable**
unpleasant **desagradable**
hot **caliente**
cold **frío**

picnic **el día de campo, el día campestre, la jira campestre**
tree **el árbol**
grass **la hierba**
blanket **la manta, la frazada**
automobile, car **el coche** *(Spain, Mexico)*, **el carro** *(Spanish America)*, **el automóvil** *(general)*
food **la comida**
loaf of bread **el pan**
piece (slice) of bread **la rebanada**
sausage **la salchicha**
cheese **el queso**
sandwich **el bocadillo** *(Spain)*, **el emparedado, el sandwich**
beverage **la bebida**
wine **el vino**
soft drink **la gaseosa, el refresco**
coffee **el café**
knife **el cuchillo**
picnic basket **la canasta**
bottle **la botella**
cork **el corcho**

corkscrew **el sacacorchos**
thermos jug **el termo**
paper cup **la taza de papel**
paper plate **el plato de papel**
ant **la hormiga**
bee **la abeja**
fly **la mosca**
mosquito **el mosquito**
young man **el muchacho**
young woman **la muchacha**

El día en el campo

15

Análisis del dibujo

1. ¿Qué le hace creer a Ud. que ésta es una escena europea?
2. ¿Dónde se ha aparcado el coche?
3. ¿Qué está haciendo el muchacho que está arrodillado?
4. ¿Qué está haciendo la muchacha?
5. ¿Qué está haciendo el muchacho que tiene en cuchillo?
6. ¿Qué objetos están en la manta?
7. ¿Qué más puede haber en la canasta?
8. ¿Qué tiene cada persona en la mano izquierda?
9. ¿Qué tiene cada persona en la mano derecha?
10. Cuéntenos de qué están hablando las tres personas.
11. ¿Le gustaría a Ud. pasar un día de campo en un lugar como éste? ¿Por qué? ¿Por qué no?

Puntos de partida

12. ¿Por qué es agradable un día campestre?
13. ¿Cuáles son los aspectos desagradables de un día campestre?
14. ¿Prefiere Ud. un lugar sombrío o soleado para pasar un día en el campo? ¿Por qué?
15. ¿Cómo se prepara un emparedado?
16. ¿Para qué sirve un termo?
17. ¿Cuál es la ventaja de usar tazas y platos de papel?
18. ¿Qué haría Ud. durante un día de campo si se hubiera olvidado la canasta con la comida y las bebidas?
19. ¿Qué haría Ud. si encontrara hormigas en su emparedado?
20. ¿Cuáles son las cosas que se empaquetan para un día de campo al estilo norteamericano?

Temas para disertación

1. Por qué me gusta (no me gusta) el día de campo.
2. Cómo empaquetar la canasta para un día de campo.
3. Un día de campo que jamás olvidaré.

Imaginar y presentar

A group of friends has arrived at the countryside for a day of picnicking. Their basket is full of food and drink, and their spirits are high. As the blankets are spread on the grass, something happens.

Enact the situation in Spanish.

to swim **nadar**
to sunbathe **tomar el sol**
to get a suntan **broncearse, tostarse**
    al sol
to float **flotar**
to surf **hacer patinaje en el agua,**
    hacer "surfing"
to windsurf **hacer "windsurf"**
to scubadive **bucear**
to water ski **esquiar en el agua**
to play *(a sport)* **jugar (ue) (a)**
to dig **cavar**
to warn **advertir (ie, i)**
to tell, relate, count **contar (ue)**
to avoid **evitar**
to drown **ahogar(se)**

calm **tranquilo**
rough **agitado**
suntanned **bronceado, tostado**
sunburned **quemado**
sometimes **a veces**
alone **solo**
easy **fácil**
hard **difícil**

beach **la playa**
sand **la arena**
sea, ocean **el mar, el océano**
land **la tierra**
lighthouse **el faro**
wave **la ola**
waves, ground swell, surf **la**
    marejada, el romper de las olas
lifeguard **el vigilante**
water sport **el deporte acuático**
surfboard **el patín acuático**
sailboard **la tabla a vela**
surfing **el patinaje sobre las olas**
    (o en el agua)
water ski, water skiing **el esquí**
    acuático
ship **el barco**
raft, float **el colchón neumático**
sailboat **el velero**
bathing suit **el traje de baño, el**
    bañador
(beach) mat **la estera**
shell **la concha**

ball **la pelota**
head **la cabeza**
hat **el sombrero**
cap **la gorra**
bonnet **el gorro**
shovel **la pala**
pail **el balde**
transistor radio **el transistor**
thermos jug **el termo**
totebag **la bolsa**
sunglasses **las gafas de sol**
scarf **el pañuelo**
cup **la taza**
binoculars **los prismáticos**
beach umbrella **la sombrilla de**
    playa
salt water **el agua salada**
fresh water **el agua dulce**
sunburn **la quemazón**
suntan lotion **la loción**
    bronceadora, la crema para el
    sol

En la playa

16

Análisis del dibujo

1. En el dibujo hay dos transistores. ¿Quiénes los tienen y dónde están?
2. ¿Qué es lo que parece querer hacer la niña del gorro?
3. ¿Quién viste un bikini?
4. ¿Qué es lo que está haciendo la señora del pañuelo?
5. ¿Qué cree Ud. que se están diciendo el señor de la gorra y la señora con el pañuelo en la cabeza?
6. ¿Qué está mirando el señor que tiene los prismáticos?
7. ¿Quién tiene un colchón neumático? ¿A dónde va?
8. ¿Qué están haciendo los muchachos a la izquierda y al fondo del dibujo?
9. ¿Dónde ve Ud. un pequeño velero?
10. ¿Quién usa gafas de sol?
11. ¿Qué más puede haber en la bolsa de la señora?
12. ¿Dónde hay conchas?
13. ¿Dónde están los termos?
14. ¿De qué hablan el muchacho con el transistor y la muchacha del bikini?

Puntos de partida

15. ¿Cuál es la función de un faro?
16. ¿Se flota mejor en agua salada o en agua dulce? ¿Cuál prefiere Ud.?
17. ¿Cuál es la diferencia entre un sombrero y una gorra?
18. ¿Cómo se puede evitar la quemazón al tomar el sol?
19. ¿Por qué es a veces difícil nadar en el mar?
20. ¿Le es fácil o difícil a Ud. ir a la playa? ¿Por qué?

Temas para disertación

1. La playa (no) es para mí.
2. Lo que se puede hacer en la playa.
3. Los deportes acuáticos.

Imaginar y presentar

While enjoying a sunny day on the beach, you and your friends see an empty raft floating to shore. You decide to tell the lifeguard on duty.

Enact the situation in Spanish.

to cast a (fishing) line **lanzar el sedal**
to hunt (*game*) **cazar**
to aim (*a gun*) **apuntar**
to shoot (*a gun*) **disparar**
to cook **cocinar**
to climb **escalar**
to paddle, row **remar**
to sing **cantar**
to fish; to catch (*a fish*) **pescar**
to camp; to go camping **acampar**
to indicate **indicar**
to put **poner**
to live **vivir**

useful **útil**
red **rojo**
inside **dentro (de)**
around **alrededor (de)**

outdoor life **la vida al aire libre**
campsite **el lugar elegido para acampar**
camp **el campamento**
fisherman **el pescador, la pescadora**
hunter **el cazador, la cazadora**
camper **el acampador, la acampadora**
hiker **el, la caminante**
canoeist **el canoero, la canoera**
fishing rod **la caña de pescar**
fishing line **el sedal**
reel **el carretel**
fly **la mosca**
fish **el pez** (*en el agua*); **el pescado** (*fuera del agua*)
trout **la trucha**
shotgun **la escopeta**
game bag **el morral**
deer **el ciervo**
tent **la tienda**
skillet **la sartén**
hike **la caminata**

knapsack **la mochila**
mountain **la montaña**
top **la cima**
fire **el fuego**
campfire (bonfire) **la hoguera**
sleeping bag **la bolsa para dormir**
canoe paddle **el remo de canoa**
stream **el arroyo**
bow (*of a boat*) **la proa**
stern (*of a boat*) **la popa**
hat **el sombrero**
weather **el tiempo**
season **la estación** (*del año*)
winter **el invierno**
summer **el verano**
spring **la primavera**
fall **el otoño**

La vida al aire libre

Análisis del dibujo

1. ¿Qué nos indica que el pescador está lanzando el sedal para pescar trucha?
2. ¿Qué puede estar diciéndose el pescador?
3. ¿Qué tiene el pescador en su sombrero?
4. ¿Por qué puede serle útil una sartén al pescador?
5. ¿Qué nos indica que el cazador no está cazando un ciervo?
6. En el dibujo con la tienda de campaña, ¿qué está haciendo el acampador?
7. ¿Qué puede haber dentro de la tienda?
8. ¿Es posible que el acampador que está delante de la tienda de campaña ha sido pescador también? ¿Por qué?
9. ¿Quiénes están escalando la montaña?
10. ¿Quién está en la proa y quién está en la popa de la canoa?
11. ¿De que podrían estar hablando los canoeros?
12. ¿Por qué pueden ser las mismas las caminantes y el grupo que está cantando?
13. ¿Qué dibujos corresponden a qué estaciones del año?
14. ¿Cuál de las seis escenas prefiere Ud. y por qué?

Puntos de partida

15. ¿Qué pondría Ud. en una mochila para una caminata de un día?
16. ¿Con qué se rema una canoa, con qué se pesca y con qué se caza?
17. ¿Cuál le sería más útil, una escopeta o una caña de pescar? ¿Por qué?
18. ¿Por qué prefieren usar rojo muchos cazadores?
19. ¿Cuál es la mejor estación del año para acampar? ¿Por qué?
20. ¿Qué clase de vida al aire libre es más característica de la región en que vive Ud.?

Temas para disertación

1. Cómo elegir un lugar para acampar.
2. Mís días en un campamento.
3. Lo que vi desde la cima de la montaña.

Imaginar y presentar

As the fisherman and his companion cook trout over the fire by the stream, they review the events of the day and narrate experiences from other camping trips when they were younger.

Enact this dialog in Spanish.

to display **exhibir**
to consist of **constar de**
to have in common **tener en común**
to have *(bear, wear)* **llevar**
to dress up **vestirse (i, i) de**
    etiqueta

men's shop **la tienda para (de) caballeros**
for sale **en venta**
on sale *(reduced price)* **en liquidación**
price tag **la etiqueta** *(de precio)*
clothing *(in general)*, apparel **la ropa, la vestimenta**
article of clothing **la prenda**
display window **el escaparate**
decoration **la decoración**
coat of arms **el escudo de armas**
measurement **la medida**
cut **el corte**
length **el largo**
width **el ancho**
suit **el traje**
pants, trousers **los pantalones**
coat *(suit jacket)* **la chaqueta**
vest **el chaleco**
tie **la corbata**
bow tie **la corbata de lazo**
shirt **la camisa**

sport shirt **la camisa sport**
long sleeves **las mangas largas**
short sleeves **las mangas cortas**
cuff *(of sleeve)* **el puño**
pocket **el bolsillo**
hip pocket **el bolsillo trasero**
side pocket **el bolsillo del costado**
handkerchief **el pañuelo**
underwear **la ropa interior**
shorts *(undergarment)* **los calzoncillos**
undershirt **la camiseta**
shoe **el zapato**
socks **los calcetines**
pair **el par**
belt **el cinturón**
suspenders **los tirantes (de pantalón)**
billfold **el billetero, la billetera**
cuff links **los gemelos**
tie clasp **el alfiler de corbata**
pullover *(sweater)* **el suéter**
shoelace **el cordón de zapato**

collar **el cuello**
button **el botón**
leather **el cuero, la piel**
mannequin **el maniquí**
young man **el joven**
hand **la mano**
thought **el pensamiento**

single-breasted **sin cruzar**
double-breasted **cruzado**

La tienda para caballeros

18

1. ¿Qué prenda de las que están exhibidas en el escaparate costará menos?
2. Describa la vestimenta del maniquí con manos.
3. Describa la vestimenta de los otros tres maniquíes.
4. ¿Dónde está el monograma en la camisa sport?
5. Describa las prendas que no están sobre maniquíes.
6. ¿Cuál es la diferencia de corbata entre los dos maniquíes a la derecha?
7. Muchos hombres llevan algo todos los días que no se exhibe en este escaparate. ¿Qué es?
8. ¿Cree Ud. que el escudo de armas está en venta? ¿Por qué?
9. En este escaparate se exhiben algunas prendas que muchos hombres no llevan todos los días. ¿Cuáles son?
10. Describa los pensamientos del joven que mira la ropa.

Puntos de partida

11. Explique la diferencia entre una chaqueta sin cruzar y una cruzada.
12. ¿Qué es una etiqueta?
13. ¿De qué consta un traje?
14. ¿De qué consta la ropa interior de un hombre?
15. ¿Qué pueden tener en común un cinturón, un billetero y un par de zapatos?
16. ¿Qué prendas de vestir del hombre llevan botones?
17. ¿Cuántos bolsillos tiene un par de pantalones?
18. Si un norteamericano lleva traje, ¿dónde guarda su billetero? Si es europeo, ¿dónde lo guarda?
19. Para poder llevar gemelos y alfiler de corbata, ¿qué clase de camisa y qué otras prendas se deben llevar?
20. ¿Cuáles son las dos medidas que se necesitan para comprar una camisa?

Temas para disertación

1. Lo que llevo, lo que no llevo y por qué.
2. Cómo exhibir prendas en el escaparate de una tienda de caballeros.
3. Cómo vestirse de etiqueta.

Imaginar y presentar

Last night you dreamed you visited a men's shop to get some new clothes during a sale. Suddenly the mannequins came to life and started asking you questions and telling you what to wear!

Enact the dialog in Spanish.

to shop, go shopping **ir de compras**
to spend **gastar**
to charge **cargar en cuenta
    corriente**
to pay cash **pagar al contado**
to wait on *(a customer)* **atender (ie)**
to ring up a sale *(on the cash
    register)* **registrar una venta**
to hold *(grasp, extend)* **extender (ie)**
to try on **probarse (ue)**
to fit one well **quedarle bien**
to match **hacer juego**
to be right **tener razón**
to look for **buscar**
to open **abrir**

expensive **caro**
inexpensive **barato**
only **únicamente**
up; on oneself **encima**
wash-and-wear **de lava y pon**

department store **los grandes
    almacenes**
counter **el mostrador**
cash register **la caja registradora**
salesman **el vendedor, el
    dependiente**
saleswoman **la vendedora, la
    dependiente**
customer **el, la cliente**
shopper **el comprador, la
    compradora**
charge account **la cuenta corriente**
price **el precio**
profit **la ganancia**
department **el departamento**
sale *(bargain)* **la liquidación, la
    promoción, la ganga**
sale *(transaction)* **la venta**
for sale **en venta**
size **la talla**
clothing **la ropa**
article of clothing or personal
    adornment **la prenda**

mirror **el espejo**
drawer **el cajón, la gaveta**
scarf **la bufanda**
jewelry **las joyas**
necklace **el collar**
earring **el pendiente** *(hanging)*, **el
    arete** *(with ear post)*
bracelet **la pulsera**
brooch **el broche**
flower **la flor**
purse **el bolso**
pantyhose **las panty medias**
hat **el sombrero**
glove **el guante**
sweater **el suéter**
skirt **la falda**
blouse **la blusa**
fur coat **el abrigo de piel**
aisle **el pasillo**

Los grandes almacenes

19

Análisis del dibujo

1. ¿Qué está haciendo la cliente donde están las flores artificiales?
2. ¿Qué está buscando la vendedora en el cajón abierto?
3. ¿Qué está haciendo la vendedora en el departamento de bolsos?
4. ¿Qué cosas están exhibidas sobre el mostrador del departamento de joyas y en primer plano?
5. ¿Por qué hay únicamente vendedoras y no vendedores?
6. ¿Qué está ocurriendo en el departamento de guantes?
7. ¿Es un suéter o una blusa lo que se extiende encima la cliente en el fondo? ¿Por qué no se lo prueba?
8. ¿Qué están haciendo las clientes en frente de los dos espejos?
9. ¿Cómo se sabe que el bolso al lado de un espejo no está en venta?
10. ¿Dónde está la caja registradora y qué está ocurriendo ahí?
11. ¿Para qué es importante saber la talla de la compradora?
12. ¿Qué vendedora viste algo que ella misma vende?

Puntos de partida

13. ¿Cuál es la ventaja de tener una cuenta corriente?
14. ¿Cuál es la ventaja de pagar al contado?
15. ¿Cuál es la diferencia entre una venta y una liquidación?
16. ¿Qué son los grandes almacenes?
17. «El cliente siempre tiene razón». Explíquelo.
18. Cree Ud. que los grandes almacenes prefieren que sus clientes tengan cuenta corriente? ¿Por qué? ¿Por qué no?
19. ¿Le gustaría a Ud. ser vendedor (vendedora) en los grandes almacenes? ¿Por qué? ¿Por qué no?
20. ¿Le gusta a Ud. ir de compras a los grandes almacenes? ¿Por qué? ¿Por qué no?

Temas para disertación

1. Cómo comprar _____.
2. Por qué (no) me gusta la ropa de lava y pon.
3. Cómo yo gastaría $1.000 en los grandes almacenes.

Imaginar y presentar

Bring to life the illustration on the preceding page. Enact in Spanish any of the dialogs you imagine are taking place. Involve as many customers and/or sales personnel as you like.

to go grocery shopping **ir a comprar comestibles**
to add (up) the bill **sumar la cuenta**
to pay cash **pagar en efectivo**
to pay by check **pagar con cheque**
to wait in line **hacer cola**
to weigh **pesar**
to peel **pelar**
to slice **cortar en rebanadas (tajadas, rodajas)**
to contain **contener**
to drop **dejar caer**
to have just (done something) **acabar de**

expensive **caro**
inexpensive **barato**

supermarket **el supermercado**
shopper **el comprador, la compradora**
clerk **el empleado, la empleada**
cashier, checker **el cajero, la cajera**
cash register **la caja registradora**
price **el precio**
purchase **la compra**
counter **el mostrador**
groceries **los comestibles**
can **la lata**
canned goods **los productos enlatados**
bag, sack **la bolsa**
package **el paquete**
pushcart **el carrito**
scale **la balanza**
kilo **el kilo** (2.2 libras)
pound **la libra** (.45 de kilo)
gallon **el galón** (3.78 litros)
liter **el litro** (1.06 cuartos)
quart **el cuarto** (.95 de litro)
milk **la leche**

cheese **el queso**
fish **el pescado**
meat **la carne**
beef **la carne de vaca**
veal **la ternera**
lamb **el cordero**
chop **la chuleta**
chicken **el pollo**
egg **el huevo**
fruit **la fruta**
apple **la manzana**
banana **el plátano** (Spain), **la banana**
peach **el melocotón**
pear **la pera**
tomato **el tomate**
orange **la naranja**
grapefruit **la toronja**
vegetable **la legumbre, la verdura**
carrot **la zanahoria**
celery **el apio**
lettuce **la lechuga**
cabbage **la col**

head (of lettuce or cabbage) **el repollo**
cauliflower **la coliflor**
spinach **la espinaca, las espinacas**
leaf **la hoja**
peas **los guisantes**
potato **la patata** (Spain), **la papa** (Spanish America)
rice **el arroz**
flour **la harina**
pencil **el lápiz**
ear **la oreja**

El supermercado

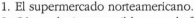

Análisis del dibujo

1. ¿Qué es lo que acaba de hacer el niño?
2. Nombre Ud. algunos de los comestibles en el carrito de la compradora.
3. ¿Qué está haciendo el empleado cerca de la balanza?
4. ¿Para qué usa este empleado el lápiz que tiene detrás de la oreja?
5. ¿Qué es lo que se ve al fondo a la derecha?

Puntos de partida

6. ¿Por qué le gusta (o no le gusta) a Ud. ir a comprar comestibles?
7. ¿Quién compra los comestibles en su familia (o en su casa) y por qué?
8. ¿Cuáles son las compras más caras y cuáles las más baratas en un supermercado?
9. Haga Ud. una lista de comestibles que se podrían comprar con $20.
10. Describa su fruta preferida.
11. Describa su legumbre preferida.
12. ¿Cuál contiene más leche—un galón o cuatro litros? ¿Por qué?
13. ¿Cuántas libras son cinco kilos?
14. ¿Qué frutas generalmente se cortan en rodajas? ¿Cuáles se pelan? ¿Cuáles ni se cortan en rodajas ni se pelan?
15. ¿En qué forma son semejantes la lechuga y la col?
16. ¿Cuáles son los precios relativos entre el pollo, el pescado y las carnes?
17. ¿Cuáles son algunas cosas que pueden comprarse en lata?
18. ¿Cuándo le ponen sus compras en una bolsa en el supermercado?
19. ¿Cuándo, dónde y por qué se hace cola en un supermercado?
20. Explique lo que es un vegetariano.

Temas para disertación

1. El supermercado norteamericano.
2. Cómo elegir comestibles para la familia.
3. Las semejanzas y diferencias entre los compradores y las compradoras.

Imaginar y presentar

You and a friend are at the supermarket. As you two roam the aisles to choose your groceries, it becomes apparent that your eating habits are quite different.

Enact this situation in Spanish.

to fill(make up, prepare) a
   prescription **despachar
   (preparar) una receta**
to renew the prescription **renovar
   (ue) la receta**
to prescribe **recetar**
to wait on(*a customer*) **atender (ie)**
to display **exhibir**
to take turns **turnarse**
to take (*medicine*) **tomar**
to smoke **fumar**
to chew **mascar**
to give (*information*) **proporcionar**

instead of **en vez de**

drugstore **la farmacia** (*Spain*), **la
   droguería** (*Spanish America*), **la
   botica**
drugstore open all night **la farmacia
   de guardia**
druggist, pharmacist **el
   farmacéutico, la farmacéutica**
license (*to practice*) **la licencia**
prescription **la receta**
drug **la droga**
medicine **la medicina**
dose, dosage **la dosis**
content(s) **el contenido**
doctor, physician **el médico, la
   médica**
bottle **la botella**
jar **el frasco**
box **la caja**
pill **la pastilla, la píldora**
aspirin **la aspirina**
cosmetics **los cosméticos, los
   productos de belleza**
bar of soap **la pastilla de jabón**

tube of toothpaste **tubo de pasta
   dentífrica**
stick of chewing gum **la barrita de
   chicle** (*o* **de goma de mascar**)
pack (package) **el paquete, la
   cajetilla**
carton (of cigarettes) **el cartón (de
   cigarillos)**
cigarette **el cigarrillo, el pitillo**
   (*Spain, colloquial*)
cigar **el cigarro, el puro**
perfume **el perfume**
toilet water, cologne **la colonia**
bath powder **los polvos de baño**
nail polish **el esmalte para las uñas**
shampoo **el champú**
sunglasses **las gafas de sol**
shelf **el estante**
label **la etiqueta**
soda fountain **la fuente de sodas**
magazine **la revista**
greeting card **la tarjeta de
   felicitación**

wall (*interior*) **la pared**
counter **el mostrador**

La farmacia

Análisis del dibujo

1. ¿Cuáles son algunos de los objetos que se exhiben en los estantes?
2. ¿Qué cree Ud. que sea el contenido de la botella que tiene la señora en la mano?
3. ¿Qué información le proporcionará a la señora la etiqueta que está leyendo?
4. ¿Qué estará haciendo el farmacéutico?
5. ¿Dónde están las botellas de esmalte para las uñas?
6. ¿Por qué no están las drogas y las medicinas en los estantes con los productos de belleza?
7. Generalmente, ¿qué otras cosas tiene una farmacia norteamericana además de las que se ven en este dibujo?
8. ¿Qué se exhibe en la pared detrás del farmacéutico y al lado de las medicinas?
9. ¿A quién cree Ud. que está atendiendo el farmacéutico y por qué tiene Ud. esta opinión?

Puntos de partida

10. ¿Dónde se preparan las recetas? ¿Quién las receta?
11. ¿Cuál es la ventaja de comprar cosas por cartón?
12. ¿Cuántas barritas hay en un paquete de chicle, y cuánto cuesta el paquete?
13. ¿Dónde no se debe ni mascar chicle ni fumar?
14. En Europa y en algunos lugares de las Américas las farmacias se turnan para estar de guardia toda la noche. ¿Cuál el el propósito de esto?
15. ¿En qué viene la pasta dentífrica? ¿En qué vienen las píldoras?
16. ¿Cuál es la diferencia entre un cigarrillo y un puro?
17. Nombre Ud. una píldora para la cual no se necesita receta.
18. ¿Qué se puede usar en vez de champú?
19. ¿Cuáles son las cosas en una farmacia que un hombre compraría para sí mismo y cuáles las que compraría únicamente para una mujer?
20. ¿Qué información nos proporciona la etiqueta de una caja o una botella de medicina?

Temas para disertación

1. Las diferencias entre una farmacia norteamericana y una farmacia europea.
2. Los productos de belleza.
3. Las tarjetas de felicitación.

Imaginar y presentar

In the illustration on the preceding page, each of the five persons is in the drugstore for a different reason. A few minutes later they are all talking to one another.

Enact their conversation in Spanish.

to drive *(a car)* **conducir, guiar**
to drive *(a given distance)* **viajar,
    conducir**
to steer, control **gobernar (ie)**
to park **aparcar(se), estacionar(se)**
to blow *(a horn)* **tocar, pitar**
to blow *(air)* **soplar**
to work *(function)* **funcionar**

through **a través de**
luxurious **lujoso**

automobile, car **el coche** *(Spain,
    Mexico)*, **el carro** *(Spanish
    America)*, **el automóvil** *(general)*
new car **el coche nuevo**
used car **el coche usado, el coche
    de ocasión, el coche de segunda
    mano**
engine **el motor**
driver **el conductor, la conductora**
front seat **el asiento delantero**
rear seat **el asiento trasero**
bucket seat **el asiento anatómico**
seat belt **el cinturón (de seguridad)**
steering wheel **el volante**
horn **la bocina**
windshield **el parabrisas**
windshield wiper **el
    limpiaparabrisas**
hood **el capó**
glove compartment **la guantera, el
    portaguantes**
dashboard **el tablero (de
    instrumentos)**

clock **el reloj**
vent **la ventosa**
heater **el calefactor**
air conditioning **el aire
    acondicionado**
radio **la (el) radio**
button, knob **el botón**
light **la luz**
pedal **el pedal**
accelerator, gas pedal **el acelerador**
starter **el arrancador**
start, starting **el arranque**
brake **el freno**
emergency brake **el freno de
    emergencia**
power brakes **los servofrenos**
clutch **el embrague**
automatic transmission **la
    transmisión automática**
standard (stick) transmission **la
    transmisión a palanca**
speed **la velocidad**
speedometer **el velocímetro**

odometer **el odómetro**
mile **la milla** *(1.6 kilómetros)*
kilometer **el kilómetro** *(.62 de
    milla)*
miles per hour **millas por hora**
kilometers per hour **kilómetros por
    hora**
door **la portezuela, la puerta**
handle **la manija**
window **la ventana**
electric window **la ventana eléctrica**
rear-view mirror **el retrovisor**
sun visor **la visera**
armrest **el apoyabrazos**
ashtray **el cenicero**
map **el mapa**
tool **la herramienta**

El automóvil

22

Análisis del dibujo

1. ¿Cómo se sabe que este coche no tiene ventanas eléctricas?
2. ¿Qué partes del coche se pueden ver a través del parabrisas desde el interior del coche?
3. ¿Dónde está el motor?
4. ¿Qué hay entre las viseras?
5. ¿Qué hay en el tablero de instrumentos?
6. ¿Qué pedal está a la derecha del freno?
7. ¿Cómo sabemos que este coche no es un modelo para la Gran Bretaña?
8. ¿Qué clase de transmisión tiene este coche? ¿Cómo lo sabe Ud.?
9. ¿Dónde están los cinturones de seguridad?
10. ¿Para qué sirven las ventosas?
11. ¿Dónde está el freno de emergencia?
12. ¿Por qué cree Ud. que (no) hay un asiento trasero?

Puntos de partida

13. ¿Para qué sirve el volante?
14. ¿Cuál es la diferencia entre un velocímetro y un odómetro?
15. ¿Cuándo se usa el freno de emergencia?
16. ¿Cuál es el equivalente en millas si Ud. conduce a 100 kilómetros por hora?
17. ¿Cuántos kilómetros ha viajado Ud. si ha viajado 400 millas?
18. ¿Para qué usa el retrovisor un buen conductor?
19. ¿Cuáles son algunas de las cosas que se pueden guardar en la guantera?
20. Describa Ud. su coche o el coche que quisiera tener.

Temas para disertación

1. Descripción del interior de un coche.
2. Cómo elegir un coche.
3. Cómo ser un buen conductor.

Imaginar y presentar

Imagine that you meet with the last four owners of your used car. What do they say about its present condition? Why did each of them buy or sell it? In retrospect, were their decisions wise ones?

Enact the dialog in Spanish.

to get (put in) gasoline **poner gasolina**
to get (put in) water **poner agua**
to get (put in) air **inflar**
to lubricate, grease **engrasar**
to change the oil **cambiar el aceite**
to fix **reparar, reponer**
to leak **gotear**
to fill **llenar**
to take **llevar**
to take a trip **hacer un viaje, irse de viaje**
to cover a distance, traverse **recorrer**
to turn on *(a light)* **encender (ie)**
to start *(an engine)* **arrancar**
to turn off *(a light)*; to stop *(an engine)* **apagar**
to run *(said of an engine)* **funcionar**
to drive **conducir, guiar**
to take care of **cuidar**
to hurt, do harm to **dañar**
to identify **identificar**
to save **ahorrar**

broken **roto**
foreign **extranjero**
ready **listo**
to kill two birds with one stone **matar dos pájaros de un tiro**

service station, gas station **la estación de servicio o de gasolina, la gasolinera**
self-service **el autoservicio**
motorist, driver **el conductor, la conductora**
attendant **el empleado, la empleada**
automobile, car **el coche** *(Spain, Mexico)*, **el carro** *(Spanish America)*, **el automóvil** *(general)*
engine **el motor**
sedan **el sedán**
coupé **el cupé**
convertible **el convertible, el transformable, el descapotado**
station wagon **la camioneta**
tire **el neumático, la llanta, la goma**
whitewall tire **el neumático de banda blanca**
wheel **la rueda**
trunk **el portaequipaje, el baúl, el maletero**

headlight **el faro**
tail light **la luz trasera**
bumper **el parachoques**
pump **el surtidor**
hose **la manguera**
license plate **la place (de matrícula), la matrícula**
driver's license **el carnet (de conducir), la licencia**
lubrication, "grease job" **el engrase**
grease gun **la pistola de engrase**
rack **la plataforma**
battery **la batería, el acumulador**
radiator **el radiador**
crankcase **el cárter**
seat **el asiento**
map **el mapa**
tank **el depósito (de gasolina)**
gallon **el galón** *(3.78 litros)*
liter **el litro** *(1.06 cuartos)*
mile **la milla** *(1.6 kilómetros)*
kilometer **el kilómetro** *(.62 de milla)*

oil **el aceite**
maintenance **la conservación**

La estación de servicio

Análisis del dibujo

1. ¿Qué está haciendo el empleado situado en primer plano?
2. ¿Qué nos hace suponer que el conductor se va de viaje?
3. ¿Qué partes del coche en primer plano puede Ud. ver y qué clase de neumáticos tiene?
4. ¿Para qué se usan las dos mangueras de este dibujo?
5. ¿Por qué podríamos decir que el empleado situado en primer plano está matando dos pájaros de un tiro?
6. ¿Por qué le parece (o no le parece) que es extranjero el coche en primer plano de este dibujo?
7. ¿Cuáles son algunas diferencias entre el coche sobre la plataforma y el coche al lado del surtidor?
8. ¿Qué tiene en la mano el hombre que está debajo de la plataforma, y qué está haciendo?

Puntos de partida

9. ¿Para qué sirve la placa de matrícula? ¿El carnet?
10. ¿En dónde se le pone agua a un automóvil?
11. Si la gasolina cuesta $1.40 el galón, ¿cuánto cuesta llenar un depósito de 15 galones de capacidad?
12. Si Ud. llena un depósito de gasolina con 52 litros, ¿cuántos galones ha comprado?
13. ¿Cada cuántas millas se cambia el aceite (del cárter)?
14. Explique Ud. lo que es el autoservicio.
15. ¿Cuáles son algunas diferencias entre un sedán, un cupé, una camioneta y un convertible?
16. ¿Por qué no se deben encender los faros cuando está apagado el motor?
17. ¿Por qué es difícil engrasar un coche si uno no lo lleva a una estación de servicio?
18. Si Ud. tiene un coche, descríbalo. Si no tiene un coche, ¿por qué no?
19. A 20 millas por galón, ¿cuántas millas puede recorrer un coche con 12 galones de gasolina en el depósito?
20. ¿Por qué tienen más de un surtidor las estaciones de servicio?

Temas para disertación

1. Lo que cuesta tener un coche.
2. Cómo cuidar un coche.
3. Cómo ahorrar gasolina.

Imaginar y presentar

Imagine that the man holding a map in the illustration on the preceding page is going on a long journey. The mechanic notices that his car is not in good condition and tells him that a few things need to be fixed before he leaves. The man is thankful for his advice but has some concerns.

Enact the dialog in Spanish.

to check *(baggage)* **facturar**
to board **abordar**
to take off **despegar**
to fly **volar (ue)**
to fasten the seat belt **abrochar(se)**
  el cinturón
to land **aterrizar**
to pick up *(baggage)* **recoger**
to lose **perder (ie)**
to show **mostrar (ue)**
to wave **saludar con la mano**
to paint **pintar**

from **procedente de**
to **con destino a**
international **internacional**
domestic *(as opposed to*
  international) **nacional**
since, inasmuch as **puesto que**

airport **el aeropuerto**
airline **la línea aérea**
airplane **el avión**
jet **el jet, el avión de reacción** (*o* **de**
  propulsión a chorro)
pilot **el piloto, la pilota**
flight attendant, steward, stewardess
  el, la auxiliar de vuelo; la
  azafata
passenger **el pasajero, la pasajera**
flight **el vuelo**
ticket **el billete** *(Spain)*, **el tiquete,**
  el boleto *(Spanish America)*
ticket office **la taquilla, el despacho**
reservation **la reserva, la plaza, la**
  reservación *(Spanish America)*,
  el cupo *(Spanish America)*
check-in counter **la facturación**
waiting list **la lista de espera**
door, gate **la puerta**
security **la seguridad**
boarding pass **la tarjeta de**
  embarque

observation platform **la terraza**
control tower **la torre de mando**
waiting room **la sala de espera**
baggage **el equipaje**
baggage inspection **la inspección de**
  equipaje
suitcase **la maleta**
baggage claim room **la sala de**
  reclamación de equipajes
first class **la primera clase**
economy class **la clase turista** (*o*
  económica)
tourist **el, la turista**
smoking section **los fumadores**
nonsmoking section **los no**
  fumadores
customs **la aduana**
immigration **la inmigración**
documents *(passport, entry card,*
  vaccination card, etc.) **la**
  documentación
passport **el pasaporte**
take off **el despegue**

landing **el aterrizaje**
arrival **la llegada**
departure **la salida**
cockpit **la cabina de mando, la**
  carlinga
engine **el motor**
ramp **la rampa**
stairs **la escalera**
wing **el ala** *f.*
tail **la cola**
propeller **la hélice**
seat **el asiento, la plaza, el cupo**
  (Spanish America)
flag **la bandera**
baby **el nene, la nena; el, la bebé;**
  el crío, la cría

El aeropuerto

24

Análisis del dibujo

1. ¿Por qué no tiene hélices el avión al fondo?
2. Puesto que este avión tiene una bandera grande de los Estados Unidos pintada en la cola, ¿qué clase de vuelo es probable que sea?
3. ¿Dónde cree Ud. que estén los pilotos de los dos aviones?
4. ¿Dónde ve Ud. a una auxiliar de vuelo?
5. ¿Cómo se sabe que el avión en primer plano va a despegar pronto?
6. ¿Qué pasajero o pasajera posiblemente tendrá problemas durante el vuelo? ¿Por qué?
7. ¿Quién no ha facturado una pequeña maleta?
8. ¿Qué tiene en las manos el señor en primer plano a la izquierda?
9. ¿Dónde supone Ud. que está la sala de espera?

Puntos de partida

10. Explique Ud. lo que es la lista de espera.
11. ¿Desde dónde se puede saludar con la mano a un pasajero?
12. ¿Qué debe hacer y qué no debe hacer un pasajero durante el despegue y el aterrizaje?
13. ¿Cuáles son algunas diferencias entre primera clase y clase turista o económica?
14. ¿Dónde recoge uno su equipaje? ¿Cuándo es necesaria la inspección de equipaje?
15. En un vuelo procedente de Nueva York con destino a Madrid, ¿dónde, cuándo y a quién debe Ud. mostrar su documentación en el aeropuerto de Madrid?
16. ¿Qué es un turista?
17. ¿Dónde se hacen las reservas y dónde se compran los billetes?
18. ¿Por qué no hay aduana en los aeropuertos donde aterrizan solamente los vuelos nacionales?
19. ¿Por qué no se debe guardar el pasaporte en la maleta?
20. Si Ud. tuviera un billete de avión gratis, ¿adónde le gustaría ir? ¿Por qué?

Temas para disertación

1. Descripción de un avión (o de un aeropuerto).
2. Las obligaciones de un auxiliar de vuelo.
3. El día en que la línea aérea perdió mi equipaje.

Imaginar y presentar

An international flight has covered most of the distance to Buenos Aires. Some passengers are walking about and conversing, since it has been a long flight.

Enact the discussion among several passengers in Spanish.

to take, catch *(a train)* **tomar**
to check *(baggage)* **facturar,**
    depositar
to claim **demandar, reclamar**
to travel **viajar**
to leave, depart **salir, partir, irse**
to arrive **llegar**
to stop (at) **hacer escala (en),**
    pararse (en)
to carry **llevar**
to know, meet **conocer**
to help **ayudar**
to eat **comer**
to browse, leaf through **hojear**

instead of **en vez de**
sometimes **a veces**
late **retrasado, con retraso**
early **con anticipación**
Diesel **Diesel**
electric **eléctrico**

railroad station **la estación de**
    ferrocarril
train **el tren**
freight train **el tren de carga (** *o* **de**
    mercancías)
express train **el tren expreso**
local train **el tren de cercanías, el**
    suburbano
locomotive **la locomotora**
engineer **el, la ingeniero**
conductor **el conductor, la**
    conductora
porter **el mozo, la moza; el portero,**
    la portera
ticket **el billete** *(Spain)*, **el tiquete,**
    el boleto *(Spanish America)*
ticket window **la taquilla**
one-way ticket **el billete de ida**
round-trip ticket **el billete de ida y**
    vuelta
timetable **el horario**
baggage **el equipaje**

baggage check area **el depósito de**
    equipajes, la consigna
locker **el armario para el equipaje**
suitcase **la maleta**
passenger **el pasajero, la pasajera**
first class **la primera clase**
second class **la segunda clase**
third class **la tercera clase**
all aboard **el último aviso**
Pullman **el coche-cama**
dinner **el coche-comedor**
track **la vía**
cart **el carrito**
newsstand **el quiosco, el kiosco**
magazine **la revista**
coat **el abrigo**
time *(clock time)* **la hora**
time *(occasion)* **la vez, la ocasión**
old woman **la vieja**
bag **la bolsa**

La estación de ferrocarril

25

Análisis del dibujo

1. ¿Qué clase de locomotora hay en la vía?
2. ¿Dónde están el ingeniero y los conductores?
3. ¿Qué está haciendo el hombre al lado del quiosco?
4. ¿De quién es el equipaje en el carrito?
5. ¿Qué está pasando en la taquilla?
6. ¿Qué hora cree Ud. que es?
7. Describa Ud. todo lo que ve en el dibujo.

Puntos de partida

8. ¿Cuáles son dos clases de locomotora?
9. ¿Qué quiere decir «¡Último aviso!»?
10. ¿En qué puede ayudar un mozo?
11. ¿Cómo se puede viajar económicamente?
12. ¿Qué cosas se pueden hacer en una estación de ferrocarril además de tomar un tren?
13. ¿Dónde se come en un tren?
14. ¿Generalmente cuál es la ventaja de comprar un billete de ida y vuelta en vez de uno de ida?
15. ¿Por qué no lleva coche-cama un tren de carga?
16. ¿Qué es un horario?
17. ¿Cuál es la diferencia principal entre un tren expreso y un tren de cercanías?
18. ¿Dónde deposita uno su equipaje si ha llegado a la estación con mucha anticipación?
19. ¿Qué cosa se puede usar a veces en vez de la consigna?
20. Si un tren llega a las 7 de la noche, ¿cómo se indica esto en los horarios europeos?

Temas para disertación

1. Comparación entre los trenes europeos y los norteamericanos.
2. El día que el tren llegó retrasado.
3. La historia de un portero, o la historia de la vieja en el dibujo.

Imaginar y presentar

In the railroad station of Cuenca, halfway to Valencia, passengers on the Madrid-Valencia express were allowed to leave the train for a few minutes. Two of them missed the "All aboard" and the train left, along with their baggage. Imagine you are one of these passengers and must solve the problems, beginning at the ticket window.

Enact the situation in the railroad station in Spanish.

to mail **enviar (por correo), echar (al correo)**
to register or certify *(a letter)* **certificar, recomendar (ie)**
to deliver **entregar, repartir**
to weigh **pesar**
to collect **cobrar**
to lose **perder (ie)**
to delay, take time **tardar**
to look for **buscar**
to arrive **llegar**
to return, give back **devolver (ue)**
to stay, remain **quedar(se)**

other; rest (of the) **demás**
before **antes de**
fast **rápido**
slow **lento**
valuable **valioso**

post office, mail **el correo**
letter **la carta**
postcard **la tarjeta postal**
envelope **el sobre**
stamp **el sello** *(Spain),* **la estampilla, el timbre** *(Spanish America)*
sheet of stamps **la hoja de sellos**
airletter **el aerograma**
airmail **el correo aéreo; por avión**
airmail stamp **el sello aéreo**
special delivery **(la entrega) urgente, la entrega inmediata**
special-delivery stamp **el sello de urgencia**
commemorative stamp **el sello conmemorativo**
mailbox, letter slot **el buzón**
regular mail (first-class) **el correo ordinario**
express mail **el correo por expreso, el exprés**
ounce *(28.4 grams)* **la onza**

pound *(16 ounces)* **la libra**
package **el paquete**
postage **el franqueo**
domestic postage **el franqueo nacional**
foreign postage **el franqueo al exterior** *(o al extranjero)*
address **las señas, la dirección**
return address **el, la remitente**
postmark **la estampa de correo, el matasellos**
postal meter **la franqueadora, el contador postal**
metered postage **la correspondencia contada**
mail carrier **el, la cartero**
post-office box **el apartado, la casilla**
home delivery **el reparto a domicilio**
general delivery **la lista de correos**
postal code, "ZIP" code **el distrito postal**

C.O.D. **de cobro a la entrega, el pago contra reembolso**
(clerk's) window **la ventanilla**
clerk **el, la dependiente(a)**
delay **la demora**
purse **el bolso**
mouth **la boca**
date **la fecha**

El correo

Análisis del dibujo

1. ¿Quién ha comprado una hoja de sellos?
2. ¿Por qué sabemos que esta señora no va a tardar en usar algunos sellos?
3. ¿Quiénes tienen paquetes y dónde están estas personas?
4. ¿Qué hombre no tiene paquete y qué está haciendo?
5. ¿Qué es lo que está haciendo la señora a la izquierda?

Puntos de partida

6. ¿Cuánto cuesta el sello para una carta por correo ordinario en los Estados Unidos?
7. ¿Qué es una tarjeta postal y qué franqueo necesita?
8. ¿Qué quiere decir «de cobro a la entrega»?
9. ¿Cómo se indica un sobre para correo aéreo al extranjero?
10. ¿Por qué cuesta más el franqueo al extranjero que el franqueo nacional?
11. ¿Qué quiere decir «correspondencia contada»?
12. ¿En qué día no hay reparto a domicilio en los Estados Unidos?
13. ¿Cuál es el propósito de la lista de correos?
14. ¿Qué indica el matasellos?
15. ¿Cuántos gramos hay en dos onzas?
16. ¿Qué diferencia hay entre correo ordinario (primera clase) y las demás clases?
17. ¿En qué parte del sobre se escribe la dirección del remitente y por qué se escribe?
18. ¿Para qué se certifican las cartas?
19. ¿Qué ocurre si se envía una carta sin sello?
20. ¿Por qué se pesa un paquete antes de enviarlo?

Temas para disertación

1. El sistema de correos en los Estados Unidos.
2. Los sellos conmemorativos.
3. Por qué (no) me gustaría ser cartero.

Imaginar y presentar

While waiting in line at the post office, customers exchange information and express their opinions on the postal system. As the line moves forward, each makes a different purchase or request at the clerk's window.

Enact the dialog among customers and with the clerk in Spanish.

to reserve, book **reservar**
to check in, register **inscribirse**
to check out **irse**
to show to one's room **llevar al cuarto**
to pay the bill **pagar la cuenta**
to stay (stop) at a hotel **alojarse en un hotel**
to clean the room **limpiar la habitación**
to carry; to wear **llevar**
to request, call for **pedir (i, i)**
to call **llamar**
to hand (over) **entregar**
to receive **recibir**
to be accustomed to **soler (ue)** *used to*

unlucky **de mala suerte**
outside **fuera de**

hotel **el hotel**
motel **el motel**
reservation **la reservación** → *in your house*
in hotel ← room **la habitación, el cuarto**
single room **la habitación individual**
double room **la habitación doble**
suitcase, bag **la maleta**
luggage, bags **el equipaje**
credit card **la tarjeta de crédito**
front desk **la recepción**
desk clerk **el, la recepcionista**
bellhop **el, la botones**
(hotel) guest **el, la huésped**
surname **el apellido** *ll = j*
mail **el correo, la correspondencia**
box for mail or messages **la casilla**
set of mailboxes, pigeonholes **el casillero**
key **la llave**
lobby **el vestíbulo, el hall**
elevator **el ascensor** *(Spain)*, **el elevador** *(Spanish America)*

floor *(on which one walks)* **el suelo, el piso** *= regular floor*
floor *(story)* **el piso, la planta**
ground floor (main floor, first floor) **la planta baja**
second floor *(European first floor)* **el primer piso**
chambermaid **la camarera**
service **el servicio**
room service **el servicio de cuarto, el servicio de pisos**
tip **la propina**
rug **la alfombra**
mirror **el espejo**
fur coat **el abrigo de piel**
hat **el sombrero**
purse **el bolso** *la cartera*
arm **el brazo**
hand **la mano**
logic **la lógica**

El hotel

27

Análisis del dibujo

1. ¿Qué objetos le hacen pensar que éste es un hotel bueno y bastante grande?
2. ¿Quién lleva sombrero?
3. ¿Cuántas maletas se ven y dónde están? *suitcases*
4. ¿Cuántos ascensores se ven y dónde están? *leaving*
5. ¿Cómo sabemos que los huéspedes están inscribiéndose y no yéndose del hotel?
6. ¿Qué tiene la señora en el brazo izquierdo? ¿En el brazo derecho? ¿En la mano izquierda?
7. ¿Quién está entregando una llave a quién? ¿Por qué?
8. ¿Dónde está el casillero? ¿Qué hay en algunas casillas? *mailbox*
9. ¿Qué ve Ud. al fondo a la derecha? *las cartas-letters*
10. ¿Cuántos botones se pueden ver? ¿Dónde están? ¿Qué están haciendo?

Puntos de partida

11. ¿Cuándo suele pagar el huésped la cuenta en un hotel?
12. ¿Cuándo y por qué se dan propinas a los botones?
13. ¿Cuándo y por qué se pide servicio de piso?
14. ¿Por qué cree Ud. que algunos hoteles no usan el número 13 en la numeración de los pisos?
15. Fuera de los Estados Unidos, el primer piso suele llamarse la planta baja, nuestro segundo piso es su primero y así sucesivamente. Explique Ud. la lógica de estos dos sistemas.
16. ¿Por qué no hay ascensor en muchos moteles?
17. ¿Quién limpia la habitación? ¿Cuándo y con qué frecuencia la limpia?
18. ¿Cómo se dice en español *the rug on the floor of the third floor?*
19. ¿Dónde prefiere Ud. alojarse, en un hotel o en un motel? ¿Por qué?
20. ¿Cómo se puede recibir correspondencia en un hotel?

Temas para disertación

1. Diferencias entre un hotel y un motel.
2. El vestíbulo del hotel.
3. Lo que me dijo el botones.

Imaginar y presentar

While a bellhop waits with their bags, a family of four is about to check in at the front desk of a large hotel where they had reserved two double rooms for three nights. Enact in Spanish the scenes that get them registered, then transported to their floor, and finally installed in their designated rooms.

to eat **comer**
to take *(eat or drink)* **tomar**
to ask for, request, order **pedir (i, i)**
to try (out), test, sample **probar (ue)**
to be sold out, be out of **acabarse,
no quedar**
to put on the bill **cargar (poner) en
la cuenta** *when you say Y (you have it!)*
to add up and render the bill **echar
la cuenta** *to actually do bill*
to leave a tip **dejar de propina**
to be full *(as with food)* **estar
completo**

expensive **caro**
inexpensive **barato**
full *(satiated)* **completo**
fresh **fresco**
canned **en lata**
well done **muy hecho, bien pasado
(o asado)**
medium well **tres cuartos, a punto**
medium **medio hecho (o asado), a
medio asar**
rare **poco hecho (o asado)**
both **los dos, ambos**
How much is...? **¿Cuánto es...?**
instead of **en vez de**
then, later **luego**

Carta
RESTAURANTE MADRID

Calle de Alcalá, 90
Teléfono 2250531

ENTREMESES VARIADOS (APPETIZERS, HORS D'ŒUVRES, ANTIPASTO)	Precio
Entremeses (hors d'œuvres, antipasto)	360
Coctel de mariscos (shellfish cocktail)	450
Jugos (juices)	200
Ensalada de lechuga y tomate (lettuce and tomato salad)	250
Caviar ruso (Russian caviar)	2400

SOPAS (SOUPS)

Crema de espárragos (asparagus soup)	200
Sopa de pescado (fish soup)	220
Crema de champiñón (mushroom soup)	220
Consomé al Jerez (consommé with sherry)	160
Gazpacho a la andaluza (cold soup, Andalusian style)	220

HUEVOS (EGGS)

Huevos fritos (fried eggs)	300
Huevos con jamón (scrambled eggs with diced ham)	360
Huevos revueltos con setas (scrambled eggs with mushrooms) . .	340
Tortilla a la española (Spanish omelette)	300

LEGUMBRES (VEGETABLES)

Espinacas a la crema (creamed spinach)	250
Alcachofas con jamón (artichokes with diced ham)	270
Judías verdes (green beans, string beans)	250
Pimientos verdes (green peppers)	250
Berenjenas (eggplant)	250
Guisantes (peas)	250

CARNES Y PESCADOS (MEATS AND FISH)	Precio
Solomillo a la parrilla (grilled filet mignon)	1700
Châteaubriand, dos personas (sliced filet with gravy, for two) . . .	3000
Pollo asado (roast chicken)	900
Pato a la naranja (duck with orange sauce)	1200
Caza, dentro de la temporada (game, in season)	1200
Chuletas de ternera (veal chops)	1100
Chuletas de cordero (lamb chops)	1100
Riñones al Jerez (kidneys cooked in sherry)	900
Merluza a la vasca (hake baked Basque-style)	800
Zarzuela de mariscos (seafood stew in casserole)	1000
Paella valenciana, dos personas (Valencian paella for two)	2200

POSTRES (DESSERTS)

Flan al caramelo (custard with caramel sauce)	190
Tarta de fresa (strawberry cake)	250
Macedonia de frutas (fruit cocktail)	230
Frutas variadas (selection of fresh fruits)	200
Helados variados (various flavors of ice cream)	190
Quesos variados (selection of cheeses)	330

BEBIDAS (BEVERAGES)

Vinos tintos (red wines)	400-1200
Vinos blancos (white wines)	400-1200
Vinos rosados (rosé wines)	400-1000
Champaña (champagne)	800-2600
Cervezas (beer)	160-280
Agua mineral (bottled water)	100
Agua mineral con gas (bottled water, carbonated)	100
Gaseosas (soft drinks)	120
Limonada (lemonade)	120
Horchata (white beverage made from chufa beans)	100
Té (tea)	120
Café (coffee)	120
Café irlandés (Irish coffee)	400
Licores, coñacs, whiskeys, etc.	

Servicio 10% (10% obligatory gratuity)

Existe un libro de reclamaciones a disposición de los clientes.

---

more sophist.
menú **la carta, el menú**
cocktail, highball, drink **el aperitivo**
meal **la comida**
fish **el pescado**
seafood *(except fish)* **los mariscos**
waiter **el camarero**
waitress **la camarera**
bill, check **la cuenta, la nota** → *ask for bill
nota is more "a note"*
complaint **la reclamación**
percent **por ciento**
dollar **el dólar**
monetary unit of Spain **la peseta**
*($1 = aproximadamente 110
pesetas)*

edible [*setas(s)- small mushrooms*
champiñón- large, fancy mushroom
hongo- " " in the grass- not edible

El menú

28

Análisis del dibujo

1. Nombre Ud. dos platos que no se ven con frecuencia en los restaurantes de los Estados Unidos.
2. Nombre Ud. dos platos muy populares en los Estados Unidos.
3. Nombre Ud. dos platos de esta carta que no haya probado.
4. ¿Qué plato es el más caro de la carta?
5. ¿En qué plato de la carta hay mariscos?
6. ¿Qué es una *paella?* Consulte Ud. un diccionario o a un amigo si no lo sabe.
7. ¿Cuál es el postre más barato?
8. Imagínese que está en el Restaurante Madrid y pida una comida completa.
9. Según los precios, ¿es caro, barato o entre los dos este restaurante?

Puntos de partida

10. Las comidas en España son generalmente «a la carta» en vez de «platos combinados». Explique Ud. la diferencia.
11. ¿Cómo le gusta el solomillo?
12. Ud. ha pedido una comida que cuesta 2000 pesetas. ¿Cuánto dejará Ud. al camarero de propina?
13. ¿Cuánto es en dólares una comida que le ha costado 1700 pesetas?
14. Si los españoles no toman café durante la comida, ¿cuándo lo toman?
15. ¿Qué bebida prefiere Ud. tomar con la comida?
16. ¿Qué clase de vino se prefiere con el solomillo? ¿Con los mariscos o el pescado?
17. ¿Qué bebida le gustaría a Ud. tomar con un buen queso? ¿Cuál no le gustaría tomar con el queso?
18. En pesetas, ¿cuánto cuestan más o menos dos huevos fritos con jamón en un restaurante barato de los Estados Unidos? ¿Y un helado de chocolate para una persona?
19. Ud. ha pedido chuletas de cordero pero luego el camarero le informa que se han acabado. ¿Qué hace Ud.?
20. ¿Qué hace Ud. si la cuenta no está bien calculada?

Temas para disertación

1. Contraste entre la carta del Restaurante Madrid y una típica carta norteamericana.
2. La comida que yo pediría si el precio no tuviera importancia.
3. Un plato especial que sé preparar.

Imaginar y presentar

After enjoying a leisurely meal at the Restaurante Madrid in the city of the same name, a group of friends has a few problems to solve before leaving: 1) some of the charges on the bill seem incorrect; 2) who will pay the bill?; 3) who will leave the tip and how much?

Enact the situation in Spanish.

to spend **gastar**
to save **ahorrar**
to make payment **efectuar el pago**
to set up, draw up (a budget) **hacer,
    entablar (un presupuesto)**
to maintain, keep (a budget)
    mantener (un presupuesto)
to review, go over **repasar, revisar**
to predict **predecir, pronosticar**
to foresee **prever**
to exceed **exceder, ser más
 elevado que**

medical **médico**
dental **dental**
daily **diario**
weekly **semanal**
monthly **mensual**
usual **corriente**
if so **en caso afirmativo** y si
if not **de lo contrario**
how much? **¿cuánto?**
plus **más**
minus **menos**
within, inside, in **dentro (de)**
each, every **cada**
instead of **en vez de**

(family) budget **el presupuesto
    (familiar)**
cost of living **el costo de la vida**
income **la renta, los ingresos**
expenditure **el desembolso**
expense **el gasto**
payment **el pago**
down payment **el pago inicial, la
    cuota inicial**
purchase **la compra**
installment purchase **la compra a
    plazos**
amount **la suma, la cantidad, el
    importe**
bill **la cuenta**
salary **el sueldo**
money **el dinero**
dollar **el dólar**
banknote **el billete**
calculator **la calculadora**
checkbook **el talonario (de
    cheques), la chequera** (*Spanish
    America*)

bank **el banco**
credit card **la tarjeta de crédito**
checking account, charge account **la
    cuenta corriente**
rent **el alquiler**
mortgage **la hipoteca**
utility **la empresa de servicio
    público, la utilidad**
tax **el impuesto**
insurance **el seguro**
interest **el interés, los intereses**
transportation **el transporte**
clothes, clothing **la ropa, los
    vestidos**
food, groceries **los comestibles, los
    víveres**
entertainment **la diversión, el
    entretenimiento**
vacation **las vacaciones**
pocket money, spending money,
    allowance **el dinero de bolsillo**
year **el año**
husband **el esposo, el marido**

wife **la esposa, la mujer**
(married) couple **el matrimonio**
unmarried person **el soltero, la
    soltera**
child **el niño, la niña**
baby **el nene, la nena; el, la bebé;
    el crío, la cría**
crib **la camilla**
bedroom **la alcoba**
table **la mesa**
lamp **la lámpara**
envelope **el sobre**
sheet of paper **la hoja**

El presupuesto familiar

29

Análisis del dibujo

1. ¿Qué ve Ud. dentro de la alcoba?
2. ¿Por qué están los billetes en la mesa?
3. Nombre Ud. los otros objetos que están en la mesa.
4. ¿Qué cree Ud. que está diciendo la mujer a su marido?
5. ¿Qué cree Ud. que está diciendo (o lo que va a decir) el marido a la mujer?
6. ¿Cuál puede ser el problema principal del presupuesto de este matrimonio que está revisando sus desembolsos?
7. ¿Por qué necesita este matrimonio un presupuesto?
8. Si no hay otros niños en esta familia, ¿cuánto cree Ud. que cuestan sus comestibles semanales?
9. Invente Ud. un presupuesto mensual de todos los gastos del matrimonio del dibujo.

Puntos de partida

10. ¿Qué es un presupuesto?
11. ¿Cuál es la ventaja de hacer un presupuesto?
12. ¿Tiene Ud. un presupuesto para los gastos personales? En caso afirmativo, ¿por qué? De lo contrario, ¿por qué no?
13. ¿Cuál es su gasto mensual más grande?
14. Si sus desembolsos son más elevados que sus ingresos, ¿cuáles son algunas soluciones posibles?
15. Si Ud. ahorrara diez dólares semanales durante cinco años, ¿cuánto dinero (más intereses) tendría en el banco?
16. ¿Cuáles son algunos de los gastos corrientes en el presupuesto mensual de un soltero o de una soltera?
17. No se puede predecir cada gasto. Nombre Ud. uno o dos que son imposibles de prever.
18. Explique Ud. lo que es una compra a plazos.
19. ¿Cuáles son algunas ventajas y desventajas de la tarjeta de crédito?
20. ¿Qué es dinero de bolsillo?

Temas para disertación

1. Mi presupuesto.
2. Cómo ahorrar dinero.
3. El costo de la vida.

Imaginar y presentar

Three people are comparing their monthly expenditures. One exceeds his/her budget almost every month and never has enough money. Another is able to save money every month. The expenses of the third can never be predicted.

Enact this discussion in Spanish, including each person's explanation of his/her situation and any plans he/she has to change it.

1992

to fall, occur **caer**
to celebrate **celebrar**
to be born **nacer**
to take place **tener lugar**
to elapse **transcurrir**

long **largo**
short **corto**
each, every **cada**
unfortunate **desgraciado**
favorite **favorito, predilecto**

Enero
D L M M J V S
```
        1  2  3  4
 5  6  7  8  9 10 11
12 13 14 15 16 17 18
19 20 21 22 23 24 25
26 27 28 29 30 31
```

Febrero
D L M M J V S
```
                 1
 2  3  4  5  6  7  8
 9 10 11 12 13 14 15
16 17 18 19 20 21 22
23 24 25 26 27 28 29
```

Marzo
D L M M J V S
```
 1  2  3  4  5  6  7
 8  9 10 11 12 13 14
15 16 17 18 19 20 21
22 23 24 25 26 27 28
29 30 31
```

Abril
D L M M J V S
```
          1  2  3  4
 5  6  7  8  9 10 11
12 13 14 15 16 17 18
19 20 21 22 23 24 25
26 27 28 29 30
```

Mayo
```
             1  2
 3  4  5  6  7  8  9
10 11 12 13 14 15 16
17 18 19 20 21 22 23
24 25 26 27 28 29 30
31
```

Junio
```
 1  2  3  4  5  6
 7  8  9 10 11 12 13
14 15 16 17 18 19 20
21 22 23 24 25 26 27
28 29 30
```

Julio
```
       1  2  3  4
 5  6  7  8  9 10 11
12 13 14 15 16 17 18
19 20 21 22 23 24 25
26 27 28 29 30 31
```

Agosto
```
                   1
 2  3  4  5  6  7  8
 9 10 11 12 13 14 15
16 17 18 19 20 21 22
23 24 25 26 27 28 29
30 31
```

Septiembre
```
       1  2  3  4  5
 6  7  8  9 10 11 12
13 14 15 16 17 18 19
20 21 22 23 24 25 26
27 28 29 30
```

Octubre
```
          1  2  3
 4  5  6  7  8  9 10
11 12 13 14 15 16 17
18 19 20 21 22 23 24
25 26 27 28 29 30 31
```

Noviembre
```
 1  2  3  4  5  6  7
 8  9 10 11 12 13 14
15 16 17 18 19 20 21
22 23 24 25 26 27 28
29 30
```

Diciembre
```
       1  2  3  4  5
 6  7  8  9 10 11 12
13 14 15 16 17 18 19
20 21 22 23 24 25 26
27 28 29 30 31
```

calendar **el calendario**
date **la fecha**
month **el mes**
week **la semana**
Sunday **el domingo**
Monday **el lunes**
Tuesday **el martes**
Wednesday **el miércoles**
Thursday **el jueves**
Friday **el viernes**
Saturday **el sábado**
year **el año**
leap year **el año bisiesto**
school year **el año escolar**
hour, time **la hora**
minute **el minuto**
second **el segundo**
noon **el mediodía**
midnight **la medianoche**
standard time **la hora legal, la hora normal**
daylight-saving time **la hora de verano**

daylight **la luz de día**
vernal equinox **el equinoccio de primavera**
autumnal equinox **el equinoccio de otoño**
spring **la primavera**
summer **el verano**
fall **el otoño**
winter **el invierno**
workday **el día de trabajo, el día laborable**
holiday **la fiesta, el día de fiesta, el día festivo**
weekend **el fin de semana**
long weekend **el puente (de fiesta)** [largo]
birthday **el cumpleaños**
saint's day **el (día del) santo**
Christmas **la Navidad**
Easter **la pascua (de flores), la pascua florida, el domingo de pascua**
New Year's Day **el día de año nuevo**
eve **la víspera**

Independence Day (U.S.A.) **el día de la independencia**
Labor Day (U.S.A.) **el día del trabajo**
Memorial Day (U.S.A.) **el día (de recordación) de los caídos**
country **el país**
horoscope **el horóscopo**
life **la vida**

El calendario

30

Análisis del dibujo

1. ¿Qué meses tienen treinta y un días? ¿Cuáles tienen treinta?
2. ¿Qué días de la semana son generalmente días de trabajo?
3. ¿Cuál es la diferencia entre *fin de semana* y *puente de fiesta*?
4. ¿En qué día de la semana cae la Navidad en el año 1992? ¿Y el día de la independencia de los Estados Unidos?
5. ¿En qué fecha cae el día del trabajo en el año 1992? ¿El día de los caídos? ¿La víspera del año nuevo?
6. ¿En qué meses del calendario de 1992 cae un viernes en el día trece?
7. ¿Qué meses del año 1992 tienen el mayor número de domingos?
8. ¿Cuántos días tiene la semana? ¿Cuántas semanas el año? ¿Cuántos días el año? ¿Cuántos meses el año?

Puntos de partida

9. ¿Cuántos segundos hay en un minuto? ¿Cuántos minutos en una hora? ¿Cuántas horas en un día?
10. El año 1992 es bisiesto. ¿Cuántos años bisiestos ha habido durante su vida?
11. ¿Cuándo es su cumpleaños?
12. Nombre un día de fiesta en España (o en algún país hispanoamericano) que no se celebre en los Estados Unidos.
13. ¿Qué es *el equinoccio?* ¿En qué meses tienen lugar los equinoccios de primavera y de otoño?
14. ¿Qué meses tienen los días más largos y cuáles los más cortos?
15. ¿Cuántas horas hay entre mediodía y medianoche?
16. ¿Cuál es la desventaja de la hora legal durante el verano?
17. Nombre Ud. tres años importantes de la historia de su país y explique por qué son importantes.
18. El día del santo se celebra en los países católicos. Explique lo que es.
19. ¿Cuáles son más o menos los meses de invierno, primavera, verano y otoño?
20. Nombre a alguien con un cumpleaños que es fiesta nacional en los Estados Unidos, y en qué fecha cae.

Temas para disertación

1. La celebración del año nuevo.
2. Las fechas más importantes del año escolar.
3. Mi horóscopo.

Imaginar y presentar

Discuss with your classmates aspects of the calendar (such as the length of the work week, seasons, vacations) that you like or dislike. Explain why you feel that way.

Enact the discussion in Spanish.

to pay **pagar**
to receive **recibir**
to lend **prestar**
to borrow **pedir (i, i) prestado**
to deposit **depositar, abonar**
to withdraw **retirar, sacar**
to open an account **abrir una cuenta**
to cash *(a check)* **cobrar,** ~~hacer~~
   ~~efectivo~~
to earn **ganar**
to spend **gastar**
to fill out *(a form)* **llenar**
to invest **invertir (ie, i)**
to form a line *(of people)* **hacer cola** *hacer Fila*
to sign **firmar**
to endorse **endosar**
to function, work **funcionar**
to forget **olvidar(se)**
to think; to intend **pensar (ie)**
to lose **perder (ie)**
to sit down **sentarse (ie)**
to rain **llover (ue)**

soon, shortly **en breve**
today **hoy**

bank **el banco**
banker *(officer of a bank)* **el banquero, la banquera**
bank employee **el bancario, la bancaria; el empleado, la empleada de banco**
teller **el pagador, la pagadora, el cajero, la cajera**
teller's window **la ventanilla**
money **el dinero**
cash **el efectivo**
banking hours **el horario de banco**
loan **el préstamo**
interest **el interés, los intereses**
rate of interest **el tipo de interés**
certificate of deposit **el depósito a plazo**
mortgage **la hipoteca**
deposit slip **el formulario de depósito**
withdrawal slip **el formulario de retiro**
check **el cheque**

checkbook **el talonario (de cheques), la chequera** *(Spanish America)*
checking account **la cuenta corriente**
traveler's check **el cheque de viajero(s)**
fee **los derechos**
bankbook (passbook) **la libreta de banco**
savings account **la cuenta de ahorros**
safe, vault **la caja fuerte** *box*
safe(ty)-deposit box **la caja de seguridad**
bill *(money due)* **la cuenta**
bill *(banknote)* **el billete**
wallet **la billetera, la cartera** *men / women's*
purse **el bolso**
customer **el, la cliente**
guard **el, la guardia**
share of stock **la acción**
stock market **la bolsa**

umbrella **el paraguas**
sign **el letrero**
percent **por ciento**
writing table **la mesa, el escritorio**
wastebasket **la papelera** *ZAFACON*
ledge **la repisa**
time *(occasion)* **la vez, la ocasión**

El banco

31

Análisis del dibujo

1. ¿Cuántas personas hay en el banco? ¿Cuántos clientes se pueden ver?
2. ¿Quién cree que va a llover y cómo lo sabe Ud.?
3. ¿De qué pueden estar hablando las personas que están sentadas?
4. ¿Dónde está la papelera?
5. ¿Cree Ud. que los bancarios se irán en breve a casa? ¿Cuál es la razón de su opinión?
6. ¿Dónde han hecho cola los clientes?
7. ¿Qué cree Ud. que está haciendo el señor en la mesa situada en el centro del banco?
8. ¿Quién ha olvidado algo? ¿Qué se ha olvidado? ¿Dónde está?
9. ¿Qué significan los "%" del letrero?
10. ¿Dónde está el cajero?
11. ¿Dónde está el guardia?

Puntos de partida

12. ¿Cuánto dinero tiene Ud. hoy en su billetera y en qué lo piensa gastar?
13. ¿Cómo se deposita y cómo se retira dinero de un banco?
14. ¿Cuál es la ventaja de una cuenta corriente? ¿De una caja de seguridad?
15. ¿Cuál es el típico horario de banco?
16. ¿Cuándo fue la última vez que Ud. fue al banco y para qué fue?
17. ¿Qué es interés? ¿Cuándo se recibe?
18. ¿Cuál es la ventaja de los cheques de viajeros?
19. ¿Cómo se cobra un cheque?
20. ¿Cuáles son las ventajas y las desventajas de tener mucho dinero?

Temas para disertación

1. Los servicios de un banco.
2. Cómo funciona una cuenta corriente.
3. Cómo yo invertiría dinero si lo tuviera.

Imaginar y presentar

A group of students accompanied by their teacher go on an authorized tour of a local bank. As they walk through the bank, employees answer their questions and explain briefly the various services of the bank.

Enact this situation in Spanish.

debajo —(under)
détras (behind)

to go, walk **andar**
to continue **seguir (i-i)**
to cross **cruzar**
to turn ~~torcer (ue)~~ *doblar* (twist (the ankle))
to stop **pararse**
to push **empujar**
to collide (with) **chocar (con)**
to obey **obedecer**
to protect **proteger**
to jog **trotar**, ~~hacer footing~~
to think about **pensar (ie) en**
to wear; to carry **llevar**
to live **vivir**
to tell, relate **contar (ue)** (count)
to sit down **sentarse (ie)**
to feed **dar de comer (a)**
to try (to) **tratar (de)**

red **rojo**
yellow **amarillo**
green **verde**
black **negro**
white **blanco** (mas adelante)
straight ahead **todo derecho**
legal **legal**
illegal **ilegal**

main square, town square **la plaza mayor**
small square, little park **la plazoleta**
downtown **el centro**
city **la ciudad**
town **el pueblo**
street **la calle**
street intersection **la bocacalle**
sidewalk **la acera**
block (*of buildings or houses*) **la manzana** (*Spain*), **la cuadra** (*Spanish America*)
traffic light **el semáforo**
pedestrian **el peatón, la peatona**
vehicle **el vehículo**
automobile, car **el coche** (*Spain, Mexico*), **el carro** (*Spanish America*), **el automóvil** (*general*)
bicycle **la bicicleta**
motorcycle **la motocicleta**
motor **el motor**
policeman **el, la policía**

traffic accident **el accidente de tráfico, el accidente de tránsito**
fine (*penalty*) **la multa**
fault **la culpa**
helmet **el casco**
jogger **el trotador, la trotadora**
baby carriage **el coche** ~~cuna~~
newspaper **el periódico**
store **la tienda**
theater **el teatro**
church **la iglesia**
awning **el toldo**
bench **el banco**
fountain **la fuente**
water **el agua**
tree **el árbol**
flower **la flor**
grass **el césped**
gutter **la cuneta, la alcantarilla**
pigeon **la paloma**
boy **el muchacho**

La plaza mayor

32

Análisis del dibujo

1. ¿Qué está haciendo el muchacho al lado del coche cuna?
2. ¿Qué está observando el policía?
3. ¿Qué está haciendo la señora que vemos en la acera detrás del policía?
4. ¿Qué clases de vehículos se ven en la calle?
5. ¿Cómo sabe Ud. que es de día y no de noche?
6. ¿Por qué lleva casco el motociclista?
7. ¿En qué cree Ud. que está pensando el trotador?
8. ¿Qué hay (o puede haber) en la fuente?
9. ¿Qué está haciendo el señor sentado en el banco?
10. ¿Por qué ha venido al centro el señor sentado en el banco?
11. Describa Ud. la plazoleta.
12. Describa Ud. lo que se ve en la manzana detrás de la plazoleta.
13. ¿Cuáles serían los colores de algunas de las cosas que vemos si el dibujo estuviera en color?

Puntos de partida

14. ¿Qué es un peatón?
15. ¿Cuáles son los tres colores de un semáforo y qué significan?
16. ¿Por qué debe uno obedecer los semáforos?
17. ¿Cuáles son algunas de las diferencias entre una bicicleta y una motocicleta?
18. ¿Para qué sirven las cunetas?
19. Describa Ud. el centro de la ciudad (o pueblo) donde vive ahora.
20. ¿Prefiere Ud. vivir en una ciudad o en un pueblo? ¿Por qué?

Temas para disertación

1. Lo que se ve en el dibujo de la plazoleta.
2. Mi plaza mayor favorita.
3. Lo que me contó el policía.

Imaginar y presentar

The tranquil scene on the preceding page changes a few seconds later when the motorcycle collides with a vehicle whose driver had stopped to ask directions. It is only a minor accident, but while the policeman handles the situation all the others in the illustration gather to discuss what they saw (or did not see). Each has a different view of what happened.

Enact the entire incident in Spanish.

to catch fire **incendiarse**
to burn (up, down) **arder,**
    quemar(se)
to start a fire **encender (ie)**
to put out a fire **apagar**
to asphyxiate **asfixiar**
to rescue **salvar, rescatar**
to destroy **destruir**
to run a risk **correr riesgo**
to fall (down) **caer(se)**
to notify, summon **avisar**
to connect **conectar**
to protect **proteger**
to shout **gritar**
to escape **escapar(se)**
to take, transport **llevar**
to get, obtain **conseguir (i-i)**
to photograph **sacar fotografías**

fireproof **incombustible**
Help! **¡Socorro!**

fire **el fuego, el incendio**
firefighter **el bombero, la bombera**
fire department **el servicio de**
    bomberos
firehouse **el cuartel de bomberos**
fire engine **el coche de bomberos,**
    el coche bomba
arsonist, firebug **el incendiario, la**
    incendiaria
fire alarm box **la caja de fuego**
fire drill **el ejercicio para caso de**
    incendio
fire extinguisher **el extintor** extinguidor
fire hydrant **la boca de incendio**
alarm **la alarma**
(emergency) exit **la salida (de**
    emergencia)
smoke **el humo**
hose **la manguera**
ladder, stairway **la escalera**
siren **la sirena**
ambulance **la ambulancia**
hospital **el hospital**

victim **la víctima**
danger **el peligro**
helmet **el casco**
coat **la chaqueta**
equipment **el equipo**
dormitory *(of a school)* **la residencia**
    de estudiantes
building **el edificio**
wall **el muro** Paredes
roof **el techo**
door **la puerta**
water **el agua** *f.*
telephone **el teléfono**
arm **el brazo**
photographer **el, la fotógrafo**

33

¡Fuego!

Análisis del dibujo

1. ¿Qué es lo que parece haberle pasado a la víctima que está en los brazos del bombero?
2. ¿Qué estará gritando el bombero en primer plano?
3. Describa Ud. lo que está pasando dentro del coche bomba.
4. Se ven dos escaleras. ¿Dónde están?
5. ¿Qué está haciendo el fotógrafo?
6. ¿Cree Ud. que el incendio va a destruir el edificio? ¿Por qué o por qué no?
7. ¿Qué haría Ud. si estuviera sobre el techo del edificio que está ardiendo?

Puntos de partida

8. ¿Cómo se puede apagar un incendio pequeño?
9. ¿Cómo se puede avisar a los bomberos en caso de incendio?
10. ¿Qué riesgos corren los bomberos?
11. ¿Cómo se protegen los bomberos?
12. ¿Qué es un cuartel de bomberos?
13. ¿A qué conecta el bombero la manguera del coche de bomberos para conseguir agua?
14. ¿Para qué usan los bomberos una escalera?
15. ¿Para qué sirve una ambulancia?
16. ¿Qué equipo tiene un coche de bomberos?
17. ¿Qué es un incendiario?
18. ¿Para qué sirve el ejercicio para caso de incendio?
19. Explique: "Por el humo se sabe donde está el fuego."
20. ¿Cómo se escaparía Ud., en caso de incendio, del edificio donde está en este momento?

Temas para disertación

1. Un incendio que vi.
2. La prevención de los incendios.
3. Lo que hacen en el cuartel de bomberos cuando no hay incendios.

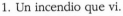

Imaginar y presentar

The fire alarm has gone off at your school's largest dormitory and it is not a drill. Smoke is everywhere and shouts are heard from inside the building. As the fire engines arrive and the firefighters go to work, students who escaped the fire gather outside and exchange stories and concern for those still inside.

Enact this situation in Spanish.

to feel sick (well) **sentirse (ie, i) mal (bien)**

to get sick **enfermarse, ponerse enfermo**

to treat *(an illness)* **tratar, curar**

to examine **examinar**

to take (one's) pulse **tomar el pulso**

to take (one's) temperature **tomar la temperatura**

to bandage **vendar**

to suffer **sufrir**

to live **vivir**

to die **morir (ue, u)**

to wear, have on or with oneself **llevar**

to listen (to) **escuchar**

sick **enfermo**

healthy **sano**

grave, serious **grave**

hospital **el hospital**

infirmary **la enfermería**

doctor *(physician)* **el médico, la médica**

nurse **el enfermero, la enfermera**

paramedic **el paramédico, la paramédica**

first aid **los primeros auxilios**

patient **el, la paciente**

emergency room **la sala de emergencia**

operating room **la sala de operaciones, el quirófano**

private room **el cuarto individual**

semiprivate room **el cuarto semiprivado**

ward **la crujía, la sala de los enfermos**

medicine **la medicina**

sickness, disease **la enfermedad**

injury, wound **la herida**

bandage **la venda**

inoculation **la inoculación**

visiting hours **las horas de visita**

visitor **la visita; el, la visitante**

smallpox **la viruela**

heart **el corazón**

heartbeat **el latido del corazón**

heart attack **el ataque cardíaco**

stethoscope **el estetoscopio**

thermometer **el termómetro**

chart **el diagrama**

blood pressure **la presión sanguínea**

pill **la pastilla, la píldora**

X ray **la radiografía, el rayo X**

wristwatch **el reloj (de) pulsera**

sheet **la sábana**

bed **la cama**

night table **la mesa de noche**

tray **la bandeja**

flower **la flor**

head **la cabeza**

arm **el brazo**

wrist **la muñeca**

smock, white gown **la bata**

chair **la silla**

El hospital

34

Análisis del dibujo

1. ¿Por qué supone Ud. que la enfermera lleva un reloj de pulsera?
2. ¿Qué está haciendo la enfermera?
3. ¿Qué está haciendo el médico?
4. Describa al médico.
5. ¿Por qué cree Ud. que es más probable que este paciente sufra de una herida y no de una enfermedad?
6. ¿Por qué no se puede ver el brazo derecho del paciente?
7. ¿Cómo se sabe que el paciente en este dibujo no ha muerto?
8. ¿Qué otras cosas se pueden ver en el cuarto?

Puntos de partida

9. ¿Cómo se siente Ud.?
10. ¿Por cuántos años quiere Ud. vivir?
11. Si Ud. tuviera una enfermedad grave, ¿por qué sería mejor ir a un hospital antes que hacerse tratar en casa?
12. ¿Quiénes son las personas sanas que se ven en un hospital? _healthy_
13. ¿Cuál es la diferencia principal entre un hospital y una enfermería?
14. ¿Qué es una crujía? ¿Un cuarto individual? ¿Un cuarto semiprivado?
15. ¿Qué significa la frase «horas de visita»?
16. ¿Cuál es la función del paramédico?
17. Para qué propósito se toma el pulso?
18. ¿Para qué se usa un estetoscopio?
19. ¿Por qué es muy grave un ataque cardíaco?
20. Nombre una enfermedad grave que ya no existe gracias a las inoculaciones.

Temas para disertación

1. Mi accidente, o un accidente que vi.
2. Cómo tomarse la temperatura y cómo interpretarla.
3. La enfermería de nuestra escuela o de nuestra universidad.

Imaginar y presentar

In a semiprivate room of a hospital, two patients and their visitors are conversing with a nurse and a doctor. We learn why each patient is there, why the doctor and nurse are in attendance, and who the visitors are.

Enact this scene in Spanish.

to examine **examinar**
to treat **tratar**
to clean, brush **limpiar**
to find **localizar**
to remove **quitar**
to drill **perforar**
to fill *(a cavity)* **obturar** *llenar*
to extract **extraer**
to straighten **enderezar**
to inject **inyectar**
to hurt **doler (ue)**
to break **romper**
to inflict **infligir**
to be afraid **tener miedo**

dentist **el, la dentista; el, la odontólogo**
dentistry **la odontología**
dentist's or doctor's office **la clínica**
office hours **las horas de consulta**
waiting room **la sala de espera**
technician **el técnico, la técnica**
dentist's chair **el sillón de dentista**
patient **el, la paciente**
mouth **la boca**
gum **la encía**
tooth **el diente**
(set of) teeth **la dentadura** *also your "bite"*
wisdom tooth **la muela del juicio**
toothache **el dolor de muelas**
denture, false teeth **la dentadura postiza**
"cavity" *(rotted part of the tooth)* **la picadura** *la carie*
cavity *(hole in tooth after drilling and before filling)* **la cavidad**
crown **la corona**
bridge **el puente**

brace **la armadura**
sickness, disease **la enfermedad**
pain **el dolor**
local anesthetic **la anestesia local**
X ray **la radiografía, el rayo X**
wax **la cera**
toothbrush **el cepillo**
toothpaste **la pasta de dientes, la pasta dentífrica**
dental floss **el hilo dental**
paper cup **la taza de papel**
water **el agua** *f.*
arm **el brazo**
armrest **el apoyabrazos**

El dentista

35

Análisis del dibujo

1. ¿Quiénes son las dos personas en el dibujo?
2. ¿Cuáles cree Ud. que son las horas de consulta de esta clínica?
3. Describa Ud. el aspecto del paciente.
4. ¿Qué es lo que contiene (o puede contener) y para qué sirve la taza de papel al lado del paciente?
5. ¿Dónde están los brazos del paciente?
6. ¿Qué es lo que está ocurriendo en la sala de espera que no podemos ver?

Puntos de partida

7. ¿Cuántos dientes hay en la boca normal sin muelas del juicio?
8. ¿Cuándo es necesaria una dentadura postiza?
9. ¿Cómo se enderezan los dientes irregulares?
10. ¿Cuál es el propósito de las impresiones de cera?
11. ¿Qué es lo que hace un dentista además de obturar cavidades?
12. ¿Para qué se usan el cepillo y la pasta dentífrica?
13. ¿Para qué sirve el hilo dental?
14. ¿Cuándo inyecta el dentista una anestesia local?
15. El propósito de los rayos X es diagnóstico. ¿Qué quiere decir esto?
16. ¿Cuándo es necesaria una corona?
17. ¿Por qué es importante conservar la dentadura?
18. ¿Con qué frecuencia se debe ir al dentista?
19. ¿Por qué (no) le gusta a Ud. ir al dentista?
20. ¿Por qué (no) le gustaría a Ud. ser dentista?

Temas para disertación

1. Cómo conservar la dentadura.
2. Una visita al dentista.
3. Lo que pasó en la sala de espera.

Imaginar y presentar

Four members of a family of various ages went to the dentist. To console and advise one another, they discuss their experiences.

Enact this discussion in Spanish.

to persuade **persuadir, convencer**
to sway **disuadir, conmover (ue)**
to speak, address oneself to **dirigirse a**
to give a speech **dar un discurso,
    pronunciar un discurso**
to debate **deliberar, debatir,
    discutir**
to preach **predicar**
to vote **votar**
to agree **estar de acuerdo**
to disagree **no estar de acuerdo**
to go on strike **declararse en
    huelga, ir a la huelga**
to be on strike **estar en huelga**
to assure **asegurar**
to listen (to) **escuchar**
to try (to) **tratar (de)**
to feel, sense **sentir (ie, i)**
to work **trabajar**
to carry **llevar**

democratic **democrático**
republican **republicano**
extemporaneous **improvisado**
above; up; upper **arriba**
both **los dos, ambos**

persuasion **la persuasión**
vote **el voto**
voter **el, la votante**
voting booth **la cabina electoral**
voting machine **la máquina electoral**
candidate **el candidato, la candidata**
election **la elección**
curtain **la cortina**
privacy **el aislamiento**
policeman, policewoman **el policía,
    la policía**
factory **la fábrica**
worker **el obrero, la obrera**
union *(of workers)* **el sindicato, el
    gremio**
sign **el letrero**
fence **el cerco, la cerca**
student **el, la estudiante**
student leader **el líder estudiantil**
speech **el discurso**
freedom of speech **la libertad de
    palabra**
debate **el debate**

speaker **el orador, la oradora**
platform *(raised flooring, political
    program)* **la plataforma**
applause **los aplausos**
microphone **el micrófono**
campus **la ciudad universitaria**
building **el edificio**
meeting **la reunión**
convention **el congreso**
congregation **la congregación**
politician **el político, la política**
judge **el, la juez**
lawyer, attorney **el, la abogado(a)**
courtroom **la sala del tribunal**
robe **la toga**
party *(political)* **el partido**
right *(privilege)* **el derecho**
rightness *(state of being right)* **la
    rectitud**
clergyman **el pastor, el clérigo**
pulpit **el púlpito**
sermon **el sermón**

La persuasión

Análisis del dibujo

1. ¿Por qué tiene una cortina la cabina electoral?
2. ¿Por qué hay un policía al lado de la cabina electoral?
3. ¿Qué hay detrás del cerco?
4. ¿Por qué lleva el letrero el obrero?
5. ¿Qué nos hace suponer que el dibujo de arriba a la derecha representa una reunión en una ciudad universitaria?
6. ¿Por qué cree Ud. que los estudiantes (no) están de acuerdo con el líder estudiantil?
7. ¿Qué edificios se pueden ver en los seis dibujos?
8. ¿Cuál será la diferencia entre los discursos del líder estudiantil y de la política?
9. ¿Dónde está el abogado y ante quién está deliberando?
10. ¿Quiénes usan toga en los dibujos?
11. ¿Desde dónde predica el pastor y a quién se dirige?
12. Tanto la señorita que emerge de la cabina electoral como el hombre que lleva el letrero han votado. ¿Para qué ha votado cada uno?
13. Cada uno de los oradores está tratando de convencer a su público. Desriba Ud. el tema de uno de los discursos.

Puntos de partida

14. ¿Entre qué dos partidos grandes puede elegir el votante norteamericano?
15. ¿Qué es un sindicato?
16. ¿Qué quiere decir «declararse en huelga»?
17. ¿Qué diferencia hay entre una reunión, un congreso y una congregación?
18. ¿Cuál es la diferencia entre predicar y debatir o entre un sermón y un debate?
19. ¿Cuál es la semejanza entre un pastor, un político y un abogado? ¿Cuáles son algunas diferencias entre ellos?
20. Trate Ud. de persuadir al obrero que no se declare en huelga o que insista en la huelga.

Temas para disertación

1. La libertad de la palabra.
2. El arte de la persuasión.
3. Un debate.

Imaginar y presentar

Three student leaders are candidates in campus elections and agree to have a debate in your Spanish class. After all three candidates state their platforms in short speeches, they challenge one another with questions and commentaries and take questions from the class.

Enact this situation in Spanish.

to advertise **anunciar, hacer publicidad**
to offer **ofrecer**
to be worthwhile, "pay" **valer la pena**
to place **colocar**
to try (to) **tratar (de)**
to look for, seek **buscar**

effective **eficaz**
brief **breve**
current, common, well known **corriente**
full-page **a página entera**
by means of **mediante**
according to, in agreement with **de acuerdo con**
something **algo**
everybody **todo el mundo**
-self **mismo** (when placed after the noun or pronoun)

salesmanship **el arte de vender**
salesman, saleswoman **el vendedor, la vendedora**
sale **la venta**
sales, selling **las ventas**
company **la empresa**
free enterprise **la libertad de empresa**
advertising **la publicidad, la propaganda**
propaganda **la propaganda**
advertisement, sign **el anuncio**
classified ad **el anuncio por palabras** (Spain), **el aviso limitado, el anuncio clasificado** (parts of Spanish America)
slogan **el lema (comercial), el eslogan**
radio announcer **el locutor, la locutora de radio**
script **el guión**
clock **el reloj**

(clock) time **la hora**
television announcer **el locutor, la locutora de televisión**
television set **el televisor**
screen **la pantalla**
commercial **el anuncio comercial**
automobile, car **el coche** (Spain, Mexico), **el carro** (Spanish America), **el automóvil** (general)
highway **la carretera**
billboard (structure) **la cartelera**; (poster on structure) **el cartel**
real estate agent **el corredor, la corredora de bienes raíces**
key **la llave**
married couple **el matrimonio**
percentage **el porcentaje**
newspaper **el periódico**
magazine **la revista**
employment **el empleo**
success **el éxito**
patience **la paciencia**

confidence **la confianza**
initiative **la iniciativa**
listener **el, la oyente**

El arte de vender

Análisis del dibujo

1. ¿En qué dibujo se ve un reloj?
2. ¿Qué estará leyendo la locutora de radio en su guión?
3. De acuerdo con lo que ve Ud. en la pantalla del televisor, invente un breve anuncio comercial.
4. ¿Por qué es (o no es) la carretera un lugar eficaz para colocar un cartel como el del dibujo?
5. ¿Por qué está mal (o bien) colocada la cartelera?
6. Invente Ud. un anuncio para el cartel.
7. ¿Qué nos hace creer que el matrimonio ha comprado una casa?

Puntos de partida

8. ¿Qué clases de productos se anuncian con frecuencia en la televisión?
9. ¿Cómo se sabe si un anuncio ha sido eficaz?
10. Una forma de hacer publicidad es mediante los lemas comerciales. Exprese Ud. en español dos lemas comerciales de uso corriente en los Estados Unidos.
11. «Vale la pena hacer publicidad». Explique Ud. esta frase.
12. Digamos que Ud. quiere vender algo. Invente un breve anuncio por palabras para el periódico.
13. Digamos que Ud. busca empleo. Invente un breve anuncio clasificado para el periódico.
14. Explique Ud. lo que es una comisión.
15. Entre el español y el inglés, ¿por qué es difícil la palabra *propaganda*?
16. ¿Qué es la libertad de empresa?
17. ¿Por qué (no) quiere Ud. ser vendedor con una empresa grande?
18. ¿Cuáles son algunas cualidades personales importantes para las ventas?
19. Trate Ud. de vender algo a su profesor o profesora de español.
20. Consulte Ud. su reloj y díganos qué hora es.

Temas para disertación

1. El arte de vender.
2. Invente Ud. un anuncio a página entera de algún producto para una revista.
3. Invente Ud. el guión para un anuncio comercial de un minuto de televisión.

Imaginar y presentar

Salesmanship is an art, and the key to success is persuasion, for everybody sells something; if not a product, then himself or herself. Keeping this in mind, work with a group to create a situation in which—as subtly as possible—all participants are attempting to evoke a favorable response from some or all of the others.

Enact the scene in Spanish.

to type **escribir a máquina**
to dictate **dictar**
to take dictation **escribir al dictado**
to photocopy **fotocopiar**
to press **oprimir**
to appear **aparecer**
to go out **salir**
to file **archivar**
to store **almacenar**

bilingual **bilingüe**
useful **útil**

business office **la oficina comercial**
businessman, businesswoman **el hombre, la mujer de negocios**
executive **el ejecutivo, la ejecutiva**
boss **el jefe, la jefa**
salesman, saleswoman **el vendedor, la vendedora**
sales manager **el jefe, la jefa de ventas**
sale, sales, selling **la venta, las ventas**
salesmanship **el arte de vender**
company, firm **la empresa**
employee **el empleado, la empleada**
office work **el trabajo de oficina**
office worker **el, la oficinista**
clerk **el, la escribiente**
file clerk **el archivador, la archivadora; el fichador, la fichadora**
secretary **el secretario, la secretaria**
computer operator **el, la computista**

computer **el computador, la computadora**
screen **la pantalla**
computer science **la programación**
machine **la máquina**
typewriter **la máquina de escribir**
typist **el mecanógrafo, la mecanógrafa**
typing **la mecanografía**
stenographer **el taquígrafo, la taquígrafa**
shorthand **la taquigrafía**
typing and shorthand **la taquimecanografía**
dictation **el dictado**
dictating machine, "dictaphone" **la máquina de dictar, la dictadora, el dictáfono**
file, folder **el archivo**
file, filing cabinet **el archivador, el fichero**
report **el informe**
photocopy **la fotocopia**

desk **la mesa, el escritorio**
drawer (*of a desk*) **el cajón**
wastebasket **la papelera**
button **el botón**
market **el mercado**
product **el producto**
customer **el, la cliente**
contract **el contrato**
invoice **la factura**
working hours **el horario**
language **el idioma**
custom **la costumbre**
foreign trade **el comercio exterior**
management, business administration **la administración**
free enterprise **la libertad de empresa**
gossip **la chismería**

La oficina comercial

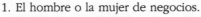

38

Análisis del dibujo

1. ¿Qué continentes puede Ud. identificar en el mapa?
2. ¿Para qué sirve la máquina situada debajo del mapa?
3. ¿Qué está haciendo la ejecutiva en la oficina al fondo?
4. ¿Qué está haciendo la secretaria?
5. ¿Dónde está situada una papelera?
6. ¿En qué lugares pueden estar almacenados los archivos o informes?
7. ¿Qué es lo que ocurre cuando el computista oprime botones?
8. El señor que sale es jefe de ventas de esta empresa. ¿Por qué sale y adónde va?
9. ¿Dónde pueden estar los otros oficinistas?
10. ¿Cuál cree Ud. que sea el comercio de esta oficina comercial?

Puntos de partida

11. ¿Cuál es el horario de muchos oficinistas?
12. Explique Ud. la diferencia entre una mecanógrafa y una secretaria.
13. ¿Qué otras clases de empleados hay en las oficinas?
14. El computador economiza el trabajo. ¿Cómo?
15. ¿Qué es una secretaria bilingüe?
16. ¿Por qué es útil el español—el idioma y las costumbres—para el estudiante en administración?
17. ¿Qué es un cliente? ¿Qué es una factura?
18. Nombre Ud. un buen mercado para los libros como éste.
19. Explique Ud. lo que es el arte de vender.
20. ¿Qué es lo que significa la libertad de empresa?

Temas para disertación

1. El hombre o la mujer de negocios.
2. Lo que (no) me gusta de la computadora.
3. Mi experiencia de trabajo en una oficina.

Imaginar y presentar

The boss is off on a business trip and you and your co-workers have the office to yourselves. It's time for some speculation about office procedures and a little gossiping.

Enact this discussion in Spanish.

to employ **emplear**
to work **trabajar**
to be self-employed **trabajar por su propia cuenta**
to earn **ganar**
to earn one's living **ganarse la vida**
to look for, seek **buscar**
to offer **ofrecer**
to register (with) **inscribirse (en)**
to take place **tener lugar**
to undertake, complete **realizar**
to appear **aparecer**
to graduate **graduarse**
to stare **mirar fijamente**
to be worth **valer**
to interview **entrevistar**
to ask a question **hacer una pregunta**

available **disponible**
temporary, part-time **temporal**
abroad **en el extranjero**
something, somewhat **algo**
now **ahora**

employment agency, placement bureau **la agencia de colocaciones**
recruiter **el, la agente de colocaciones**
employment, job, position **el empleo, el oficio, el puesto**
employer **el patrón, la patrona**
employee **el empleado, la empleada**
boss **el jefe, la jefa**
company, firm **la empresa**
work **el trabajo**
candidate **el candidato, la candidata**
interview **la entrevista**
qualification **la calificación**
résumé, dossier, curriculum vitae **la hoja de vida**
salary **el sueldo**
data, facts, information **los datos**
major (course of study) **la especialización**
career, preparation (course of study) for a career **la carrera**

classified ad, want-ad **el anuncio por palabras** (Spain); **el aviso limitado, el anuncio clasificado** (parts of Spanish America)
newspaper **el periódico**
sales **las ventas**
salesman, saleswoman, salesperson, seller **el vendedor, la vendedora**
goal **la meta**
success **el éxito**
waiting room **la sala de espera**
desk **la mesa, el escritorio**
notebook **el cuaderno**
memo pad, notebook **la agenda**
filing card **la ficha**
file case **el fichero**
calendar **el calendario**
pen (ball point) **el bolígrafo**
telephone **el teléfono**

La agencia de colocaciones

Análisis del dibujo

1. ¿Qué objetos son visibles encima de la mesa de la agente de colocaciones?
2. ¿Por qué nos mira fijamente el señor en la sala de espera? ¿Quién es?
3. ¿Qué es lo que están haciendo los candidatos en la sala de espera?
4. Describa Ud. la entrevista que tiene lugar en el dibujo.

Puntos de partida

5. Explique Ud. lo que es una agencia de colocaciones.
6. ¿Qué es un anuncio por palabras?
7. ¿Cuándo estará Ud. disponible para trabajar?
8. ¿Cuál es su especialización o carrera?
9. ¿Qué clase de trabajo buscará Ud. cuando se gradúe?
10. ¿A qué sueldo aspira Ud.?
11. ¿Qué calificaciones tiene Ud. para empleo?
12. ¿Por qué (no) quiere Ud. trabajar en el extranjero?
13. ¿Qué clase de trabajo temporal ha realizado Ud. hasta ahora?
14. ¿Por qué no gana Ud. nada ahora? Si gana algo, ¿cómo lo gana?
15. ¿Qué es una entrevista?
16. ¿Por qué (no) se ha inscrito Ud. en la agencia de colocaciones de su escuela o universidad?
17. ¿Qué clase de datos debe aparecer en la hoja de vida?
18. ¿Cuáles son algunas de sus metas para el futuro?
19. ¿Cuál es su definición del éxito?
20. Nombre una ventaja y una desventaja de trabajar por su propia cuenta.

Temas para disertación

1. Un empleo que sé hacer.
2. Cómo preparar una hoja de vida.
3. Mis metas.

Imaginar y presentar

There you are, face to face with a recruiter. You want a job with his company, but it won't be easy because the competition is keen. You ask questions about the position. He wants to know about your qualifications and goals.

Enact this interview in Spanish.

to publish **publicar, editar**
to edit **redactar**
to compose **componer**
to correct **corregir (i, i)**
to type **escribir a máquina**
to telephone **llamar por teléfono,
   telefonear**
to find **encontrar (ue)**
to take place, happen **tener lugar**

worldwide **mundial**
daily **diario**
today **hoy**
beside, next (to) **junto a**

editorial room, newspaper office **la
   oficina de redacción**
newspaper **el periódico**
reader **el lector, la lectora**
journalist **el, la periodista**
journalism **el periodismo**
editor **el redactor, la redactora**
editor-in-chief **el jefe, la jefa de
   redacción**
city editor **el redactor, la redactora
   de noticias locales**
reporter **el, la repórter, el
   reportero, la reportera**
columnist **el, la cronista**
sports **los deportes**
sportswriter **el cronista deportivo,
   la cronista deportiva**
correspondent **el, la corresponsal**
publishing house **la editorial**
editorial **el editorial, el artículo de
   fondo**
story **el artículo**
news **las noticias**

news item, event **la noticia**
interview **la entrevista**
advertising **la publicidad**
criticism **la crítica**
headline **el titular**
press **la prensa**
front page **la primera plana**
proofreader **el corrector, la
   correctora de pruebas**
printer's error **la errata**
dispatch **el despacho**
society page(s) **la vida social**
comics, comic strips **las tiras
   cómicas, los tebeos** *(Spain)*
magazine **la revista**
copy boy, copy girl **el mensajero, la
   mensajera**
telephone **el teléfono**
teletype **el teletipo**
typewriter **la máquina de escribir**
photograph **la fotografía**
boss **el jefe, la jefa**
envelope **el sobre**

eyeshade **la visera**
desk **la mesa, el escritorio**
work **el trabajo**

La oficina de redacción

40

Análisis del dibujo

1. ¿Qué están haciendo las dos periodistas?
2. ¿Qué está haciendo el hombre de la visera?
3. ¿Qué están haciendo los dos periodistas al fondo a la izquierda?
4. ¿Dónde hay algunas fotografías?
5. ¿Dónde está y qué está haciendo el mensajero?
6. ¿Cómo sabe Ud. que esto es una oficina de redacción?

Puntos de partida

7. ¿Quién escribe sobre las noticias locales?
8. ¿Quién escribe sobre las noticias deportivas?
9. ¿Cuál es la diferencia entre un redactor y un corresponsal?
10. Describa el trabajo del corrector de pruebas.
11. ¿Quién es jefe de todos los periodistas?
12. ¿En qué página de un periódico se encuentran los titulares principales?
13. ¿Qué es un editorial? ¿Una editorial?
14. ¿De qué secciones se compone un periódico norteamericano?
15. ¿Por qué son indispensables para un periodista una máquina de escribir y un teléfono?
16. ¿Cuáles son algunas de las diferencias entre un periódico y una revista?
17. ¿Qué secciones de un periódico lee Ud. y cuáles no lee? ¿Por qué?
18. ¿Lee Ud. el periódico todos los días? Si no lo lee, ¿por qué no? Si lo lee, ¿qué periódico es? ¿Cuál es su opinión sobre él?
19. ¿Cuál es una noticia de importancia mundial de hoy?
20. ¿Quiénes son los lectores de este libro?

Temas para disertación

1. Una noticia para un periódico.
2. Una entrevista con _____.
3. El cronista que más me gusta.

Imaginar y presentar

In the illustration on the preceding page, the news emerging from the teletype machine is momentous. In Spanish, enact the scene that follows, as everyone in the illustration reacts to the event.

to perform, act, give a play
representar
to play a role **desempeñar (hacer)
un papel**
to applaud **aplaudir**
to raise, go up **subir**
to lower, come down **bajar**
to leave *(go away)* **irse**
to find **encontrar (ue)**
to find out about, learn of **enterarse
de**
to tip **dar propina**
to (put in) place **colocar**
to be accustomed to **soler (ue)**
to sing **cantar**

inexpensive **barato**
something, somewhat **algo**

theater **el teatro**
play **la obra teatral, la obra
dramática, la pieza**
playwright **el dramaturgo, el autor
dramático**
title **el título**
cast **el reparto**
actor **el actor**
actress **la actriz**
stage manager **el director, la
directora de escena**
stagehand **el, la tramoyista**
opera **la ópera**
music **la música**
audience **el público, el auditorio**
claque, hired clappers **la claque**
applause **los aplausos**
seat **el asiento**
location *(as of a seat in the theater)*
la situación
box seat **la butaca de palco**
orchestra seat **la butaca de orquesta**
balcony seat **la butaca de anfiteatro**

gallery **la galería**
aisle **el pasillo**
row **la fila**
usher **el acomodador, la
acomodadora**
ticket **la entrada, el billete, el
boleto** *(Spanish America)*
box office (ticket window) **la taquilla**
lobby **el vestíbulo**
intermission **el entreacto**
performance, show **la
representación, la función**
first performance, opening night **el
estreno**
stage **el escenario**
scenery **las decoraciones**
curtain *(of a stage)* **el telón**
dressing room **el camarín**
act **el acto**
scene **la escena**
(emergency) exit **la salida (de
urgencia)**
success **el éxito**

failure **el fracaso**
gentleman **el caballero**
beard **la barba**
head **la cabeza**
eyeglasses **las gafas, los anteojos**
house, home **la casa**
room *(of a house)* **el cuarto**

El teatro

41

Análisis del dibujo

1. ¿Quién no puede ver bien el escenario? ¿Por qué?
2. ¿Dónde está el palco que se ve en el dibujo?
3. Describa al caballero que se va.
4. ¿Dónde hay una salida de urgencia en este teatro?
5. ¿Qué escena están representando en la obra?
6. ¿Qué papel están desempeñando los actores en el escenario?
7. Invente Ud. un título para la obra representada.

Puntos de partida

8. ¿Dónde se compran las entradas para el teatro?
9. ¿Qué clases de entradas de teatro se pueden comprar y cuál es la situación de ellas?
10. ¿Qué situación suele ser la más barata?
11. ¿En qué puede servirle el acomodador?
12. En España generalmente se espera que uno dé algo de propina al acomodador. ¿Qué opina Ud. sobre esto?
13. ¿Cuándo se sube y cuándo se baja el telón?
14. ¿Qué es lo que hacen los tramoyistas?
15. ¿Adónde se puede ir durante el entreacto?
16. ¿Qué significa *estreno?*
17. ¿Cómo se entera un autor dramático de si el estreno de su obra ha sido un éxito o un fracaso?
18. Nombre Ud. el título de una famosa obra de teatro.
19. Explique Ud. la diferencia entre una obra teatral y una ópera.
20. Explique Ud. la diferencia entre una obra teatral y una novela.

Temas para disertación

1. Por qué se va del teatro el caballero de la barba.
2. Una sinopsis de los tres actos de la obra que se ve en este dibujo.
3. Descripción de un teatro y del estreno de una obra.

Imaginar y presentar

You and a group of friends are at the theater together. In the lobby during an intermission, you exchange impressions of what you have seen so far: the actors, the actresses, the scenery, the play itself, and even the audience. Several of you also comment on the location of your seats.

Enact this discussion in Spanish.

to play *(music, a musical instrument)* **tocar**
to conduct **dirigir**
to sing **cantar**
to listen (to) **escuchar**
to make use of **servirse de (i, i)**
to take off, remove **quitar**
to meet, gather **reunir(se)**

slow(ly), soft(ly) **adagio**
moderately, slow(ly) **andante**
brisk(ly), with cheer **alegro**
lively, with animation **animado**
loud(ly), with power **fuerte**
by heart **de memoria**
while **mientras**

symphony orchestra **la orquesta sinfónica**
opera **la ópera**
symphony **la sinfonía**
musician **el músico, la música**
conductor **el director, la directora**
composer **el compositor, la compositora**
composition, (musical) piece **la composición**
baton **la batuta**
theater **el teatro**
audience **el público, el auditorio**
member **el miembro**
(music) stand **el atril**
score **la partitura**
sheet music **la música en hojas sueltas**
note **la nota**
melody **la melodía**
harmony **la armonía**
rhythm **el ritmo**
motif, theme **el motivo**

movement *(of a symphony)* **el tiempo, el movimiento**
overture **la obertura**
prelude **el preludio**
fugue **la fuga**
piano **el piano**
grand piano **el gran piano, el piano de cola**
wind instrument **el instrumento de viento**
flute **la flauta**
piccolo **el flautín**
oboe **el oboe**
bassoon **el bajón**
horn **el cuerno, el corno, la trompa**
trumpet **la trompeta**
trombone **el trombón**
clarinet **el clarinete**
tuba **la tuba**
stringed instrument **el instrumento de cuerda**
string, cord **la cuerda**
bow **el arco**

violin **el violín**
cello **el violoncelo**
viola **la viola**
double bass, string bass **el contrabajo**
harp **el arpa** *f.*
percussion instrument **el instrumento de percusión**
drum **el tambor**
kettledrum **el timbal**
drumstick **la banqueta**
cymbal **el címbalo**
voice **la voz**
hand **la mano**
shoe **el zapato**

La orquesta sinfónica

Análisis del dibujo

1. ¿Cuántos miembros de la orquesta cree Ud. que no se ven en el dibujo?
2. ¿Cuántos instrumentos de viento puede Ud. identificar y cuáles son?
3. ¿Dónde están los músicos que están tocando instrumentos de cuerda? ¿Instrumentos de perscusión?
4. ¿Qué instrumentos están tocando las músicas del dibujo?
5. ¿Qué es lo que está haciendo con las manos el director?
6. Nombre Ud. un ritmo que el director de orquesta podría estar indicando con su batuta.
7. ¿Cómo están usando el atril los miembros de la orquesta?
8. ¿Quién se ha quitado los zapatos?
9. ¿Quiénes escuchan la música?

Puntos de partida

10. ¿Qué significa cuando el director no tiene atril o no dirige de él?
11. Si Ud. fuera músico de una orquesta sinfónica, ¿qué instrumento querría tocar?
12. ¿Con qué se toca el violín? ¿El timbal?
13. En general, ¿cuántos movimientos tiene una sinfonía?
14. Explique Ud. la diferencia entre una ópera y una sinfonía.
15. Explique Ud. lo que es la obertura o el preludio de una ópera.
16. Varios españoles han sido grandes músicos o compositores de música. Nombre Ud. a uno o dos de ellos.
17. ¿Qué es un teatro?
18. ¿Qué instrumentos de orquesta sinfónica pueden adaptarse también para la música de jazz o la popular?
19. ¿Qué es lo que pueden hacer los músicos de jazz o de música popular mientras tocan que no pueden hacer los músicos de una orquesta sinfónica?
20. ¿Cuál es la clase de música que más le gusta a Ud.?

Temas para disertación

1. El instrumento que sé tocar.
2. La historia de uno de los músicos en el dibujo.
3. Observaciones sobre la música.

Imaginar y presentar

Imagine that some great composers, musicians and conductors of the past are resurrected for a discussion and appraisal of the symphonic, operatic, or popular music of today.

Choose the roles and enact the fantasy in Spanish, but avoid being too technical for listeners untrained in music.

to work **trabajar**
to be self-employed **trabajar por su propia cuenta**
to earn **ganar**
to employ **emplear**
to discharge, "fire" **despedir (i, i)**
to repair **remontar, remendar (ie), reparar**
to saw **serrar (ie), aserrar (ie)**
to build **construir, edificar**
to sew **coser**
to paint **pintar**
to cut **cortar**
to carve **tajar**
to cook **cocinar, guisar**
to stir *(a liquid)* **remover (ue)**
to wear, have on **llevar**
to have in common **tener en común**

bald **calvo**
almost **casi**
left-handed **zurdo**

trade, craft, job **el oficio**
work, job **el trabajo**
worker, wage earner **el trabajador, la trabajadora; el obrero, la obrera**
employer **el, la que emplea; el patrón, la patrona**
employee **el empleado, la empleada**
working class **la clase obrera, la clase trabajadora, el proletariado**
wage(s) *(by the hour or day)* **el jornal, el salario**
salary, stipend **el sueldo, el estipendio**
work day **la jornada de trabajo**
overtime **las horas extraordinarias**
"moonlighting" **el pluriempleo**
paint **la pintura**
painter **el pintor, la pintora**
paint brush **la brocha**
ladder **la escalera**
shoe **el zapato**

shoemaker **el zapatero, la zapatera**
carpenter **el carpintero, la carpintera**
tool **la herramienta**
saw **la sierra**
board *(piece of lumber)* **la tabla**
tailor **el sastre**
seamstress **la costurera**
sewing machine **la máquina de coser**
cloth, fabric **la tela**
needle **la aguja**
thread **el hilo**
meat **la carne**
butcher **el carnicero, la carnicera**
knife **el cuchillo**
cook **el cocinero, la cocinera**
food **el alimento, la comida**
ladle, dipper **el cazo**
pot **el caldero, la olla**
apron **el delantal**
hand **la mano**

Los oficios

43

Análisis del dibujo

1. ¿Con qué herramienta está trabajando el carpintero? ¿Qué está haciendo?
2. Describa Ud. lo que ve en el dibujo a la derecha del carpintero.
3. ¿Qué está haciendo la costurera? ¿Qué objeto de su oficio se ve?
4. ¿Qué está haciendo el carnicero?
5. ¿Qué está haciendo el cocinero?
6. ¿Cuáles de los obreros llevan delantal?
7. ¿Quiénes son calvos, o casi calvos?
8. Nombre Ud. los objetos en las manos de los seis trabajadores.
9. ¿Cómo sabemos que el carpintero y el carnicero no son zurdos?
10. ¿Cuáles de estos obreros trabajarán por su propia cuenta y cuáles serán empleados?
11. ¿Cuál de los seis trabajos preferiría Ud.? ¿Por qué?

Puntos de partida

12. Nombre Ud. una ventaja y una desventaja de trabajar por su propia cuenta.
13. ¿Qué es un carpintero?
14. ¿Qué es lo que tienen en común un carnicero y un cocinero?
15. ¿Qué trabajo sabe Ud. hacer con las manos?
16. ¿Quién emplea al empleado?
17. Explique la diferencia entre un jornal y un sueldo.
18. ¿Cuál es la jornada de trabajo normal en los Estados Unidos?
19. Explique lo que son las horas extraordinarias.
20. Explique lo que es el pluriempleo.

Temas para disertación

1. El gusto de trabajar con las manos.
2. Cómo cocinar (o remendar o construir o coser) _____.
3. Lo que hizo la pintora despedida.

Imaginar y presentar

Imagine that the six workers on the preceding page have a discussion about their jobs, their wages, and their employers. One of the six is self-employed.

Enact this discussion in Spanish.

to collect **coleccionar**
to keep, preserve **guardar**
to identify **identificar**
to magnify **magnificar**
to revolve (about) **dar vueltas**
  (alrededor de)
to rotate (on, upon) **girar (sobre)**
to fall **caer**

current, in use **corriente**
something **algo**
everybody **todo el mundo**
old, elderly **anciano**

pastime, hobby **el pasatiempo, el**
  hobby, la afición
collector **el , la coleccionista**
numismatics, coin collecting **la**
  numismática
philately, stamp collecting **la filatelia**
coin **la moneda**
stamp **el sello** (*Spain*)**, la**
  estampilla, el timbre
cent **el céntimo, el centavo**
box **la caja**
case, holder **el estuche**
magnifying glass **la lupa**
table, desk **la mesa**
astronomer **el astrónomo, la**
  astrónoma
amateur astronomer, stargazer **el**
  astrónomo (la astrónoma) de
  afición; el astrónomo
  aficionado, la astrónoma
  aficionada
telescope **el telescopio**
sky, heavens **el cielo**

earth **la tierra**
moon **la luna**
sun **el sol**
star **la estrella**
planet **el planeta** (*Mercurio, Venus,*
  la Tierra, Marte, Júpiter, Saturno,
  Urano, Neptuno, Pluto)
solar system **el sistema solar**
constellation **la constelación**
axis **el eje**
cloud **la nube**
shadow **la sombra**
group **el grupo**
kind **la especie**
stool **el banquillo**
phonograph record **el disco**
phonograph, record player **el**
  tocadiscos (*pl.* **los tocadiscos**)
cover, jacket (*of a phonograph*
  record) **la cubierta**
carpet, rug **la alfombra**
cat **el gato**
dog **el perro**

water **el agua** *f.*
fish **el pez**
tank (*for fish*) **la pecera, el tanque**
thermometer **el termómetro**
temperatura **la temperatura**
oxygen **el oxígeno**
bubble **la burbuja**
aerator **el aireador**
country (*nation*) **el país**

Los pasatiempos

Análisis del dibujo

1. El coleccionista está examinando sus monedas. ¿Con qué instrumento las examina?
2. Las monedas se guardan en estuches. ¿Dónde se guardan estos estuches?
3. ¿Por qué hay libros sobre la mesa al lado de las monedas?
4. ¿Qué está haciendo la señorita sentada en el banquillo?
5. ¿Por qué se podría decir que la noche es favorable para estudiar el cielo?
6. Describa Ud. lo que ve en el dibujo donde hay un gato.
7. ¿De quién es el gato?
8. ¿Qué coleccionan los dos ancianos?
9. ¿Para qué sirve el aireador en la pecera?
10. ¿Para qué sirve el termómetro en la pecera?

Puntos de partida

11. Explique Ud. la diferencia entre la numismática y la filatelia.
12. ¿Cuáles son las denominaciones de las monedas corrientes en su país?
13. Explique Ud. la diferencia y la semejanza entre la lupa y el telescopio.
14. La tierra es un planeta. ¿Qué es el sol?
15. La tierra da vueltas alrededor del sol y también gira sobre su eje. Explique Ud. el movimiento de la luna.
16. ¿Qué es el sistema solar?
17. ¿Qué es una constelación?
18. ¿Qué especie de animal doméstico prefiere Ud. y por qué?
19. ¿Qué es una pecera?
20. ¿Qué es lo que colecciona Ud.? Si no colecciona nada, ¿cuál es su pasatiempo favorito?

Temas para disertación

1. Mi pasatiempo.
2. Los animales domésticos como pasatiempo.
3. Una descripción simplificada del universo.

Imaginar y presentar

Most people have collected something or have a favorite pastime. By asking one another questions, elicit your classmates' hobbies or pastimes and how they got started.

Enact this discussion in Spanish.

to build **construir**
to assemble, put together **armar**
to repair, mend **reparar**
to hammer **martillar**
to nail **clavar**
to saw **serrar (ie)**
to screw **atornillar**
to chop **hachar**
to hold **agarrar**
to fasten, tighten **sujetar**
to hang **colgar (ue)**
to drill *(a bole)* **perforar**
to cut **cortar**
to contain **contener**
to appear **aparecer**

useful **útil**
finally, as the last step **en último término**
different **distinto**
similar **semejante**
easy **fácil**
safe **seguro**

handyman, "do-it-yourself" enthusiast **el, la hacelotodo**
hobby **el pasatiempo, el hobby, la afición**
workbench **el banco de taller**
structure, frame **el edificio**
tool **la herramienta**
miter box **la caja de ingletes**
drill **el taladro**
vise **el tornillo de banco**
screw **el tornillo**
hammer **el martillo**
saw **la sierra**
hacksaw **la sierra de cortar metales**
screwdriver **el destornillador**
nail **el clavo**
plane **el cepillo**
monkey wrench **la llave inglesa**
pliers **las tenazas, las pinzas**
hatchet **el destral**
shears **las tijeras grandes**
wire **el alambre**
chisel **el formón**

level **el nivel**
brace **el berbiquí**
bit **la barrena**
crowbar **la palanca**
sandpaper **el papel de lija**
T square **la regla T**
oilcan **la aceitera**
jar **el frasco**
wood **la madera**
hardwood **la madera dura**
softwood **la madera blanda**
oak **el roble**
pine **el pino**
shaving *(of wood)* **la viruta**
cabinet **el armario, el gabinete**
glue **la cola**
size **el tamaño**
piece **el pedazo**
hole **el agujero**
use **el uso**

El hacelotodo

Análisis del dibujo

1. ¿Qué herramienta está usando la hacelotodo?
2. ¿Qué contienen los frascos?
3. Nombre Ud. los objetos sobre el banco de taller.
4. ¿Qué herramientas están colgadas en el armario?
5. ¿Cuál de las dos sierras se usa para cortar alambre? ¿Qué otra herramienta también corta metales?
6. ¿Cuál es una herramienta muy útil para construir que no aparece en el dibujo?
7. ¿Cuál de estas cosas cree Ud. que se usaría primero, y cuál en último término, al construir el edificio que está sobre el banco de taller: la cola, la sierra, el papel de lija?
8. ¿Qué herramientas cree Ud. que no servirían para armar el modelo que está construyendo el hacelotodo?
9. ¿Cómo sabemos que el hacelotodo ha usado o el formón o el cepillo?

Puntos de partida

10. ¿Qué es un hacelotodo?
11. Nombre Ud. una herramienta eléctrica y su uso.
12. Nombre una madera dura; nombre una madera blanda.
13. ¿Qué clase de madera es la más fácil de serrar?
14. ¿Para qué se usa el destral?
15. ¿Qué herramienta se usa para clavar?
16. ¿Qué herramienta es necesario agarrar con las dos manos?
17. ¿Para qué se usan el berbiquí y la barrena? ¿Por qué hay distintos tamaños de barrenas?
18. ¿Para qué se usa un tornillo de banco?
19. ¿Qué herramienta se usa para atornillar?
20. ¿En qué manera semejante se pueden usar la llave inglesa, las tenazas y el tornillo de banco? ¿El formón y el cepillo? ¿El martillo y el destral?

Temas para disertación

1. Cómo construir _____.
2. Distintas clases de herramientas y sus usos.
3. El uso seguro de las herramientas.

Imaginar y presentar

Having moved from a cramped, rented apartment, a young family has just bought its first house. It is an older home that needs some work, and is spacious enough to include an area for a workbench and cabinets. While in an apartment, the family had no tools, but now that they have a place to keep them—and soon may need them—they have decided to purchase some.

In Spanish, enact the family's discussion about tools and which ones they will probably need.

to make the bed **hacer la cama**
to clean **limpiar**
to wash **lavar**
to dry (off) **secarse**
to scrub **fregar (ie)**
to sweep **barrer**
to iron **planchar**
to put **poner**
to make the meal **preparar la comida**
to boil **hervir (ie, i)**
to fry **freír (i, i)**
to accomplish **llevar a cabo**
to dissolve **disolver (ue)**
to protect **proteger**
to help **ayudar**
to be broken, not work **no funcionar**

by hand **a mano**
dirty **sucio**
clean **limpio**
tired **cansado**
at home **en casa**
in **dentro de**
then **entonces**

domestic chore or task **el quehacer doméstico**
housework **los quehaceres domésticos**
home, household **el hogar**
homemaker, housewife **el ama** (f.) **de casa**
servant **el criado, la criada**
bed **la cama**
sheet **la sábana**
mattress **el colchón**
bedspread **la colcha, la cubrecama**
pillow **la almohada**
pillowcase **la funda**
blanket **la manta, la frazada**
rug **la alfombra**
vacuum cleaner **la aspiradora**
dish **el plato**
dish rack **el escurreplatos**
pot **la olla**
saucepan **la cacerola**
frying pan **la sartén**

handle (of a container) **el asa** f.; (of a broom, tool, etc.) **el mango**
sink **el fregadero**
soap **el jabón**
detergent **el detergente**
water **el agua** f.
grease **la grasa**
automatic dishwasher **el lavaplatos automático, el lavavajillas**
garbage disposal **la moledora de basura**
glove **el guante**
floor **el suelo, el piso**
bucket **el balde, el cubo**
scrubbing brush **el cepillo de fregar**
broom **la escoba**
dustpan **el recogedor**
stool **la banqueta**
trash can, garbage can **el cubo para basuras**
sofa, couch **el sofá**
hand **la mano**
use **el uso**

Los quehaceres domésticos

46

Análisis del dibujo

1. ¿Cuáles de estos quehaceres se deben llevar a cabo todos los días?
2. ¿Cuáles de estos quehaceres se pueden llevar a cabo rápidamente?
3. ¿Para qué dos quehaceres se podría usar guantes y por qué?
4. ¿Dónde hay almohadas?
5. ¿Qué objeto está lavando el señor en el fregadero?
6. ¿Para qué están los platos en el escurreplatos?
7. ¿Cuáles de las personas están usando o jabón o detergente?
8. Si hay una moledora de basura en una de estas escenas, ¿por qué no es visible?
9. ¿Dónde está el recogedor?
10. Hay dos cubos. ¿Cuál es para basuras?
11. ¿Qué hay dentro del otro cubo?

Puntos de partida

12. ¿Para qué se usa detergente?
13. ¿Cuándo se usa una aspiradora y cuándo un cepillo de fregar?
14. ¿Para qué se usa una escoba?
15. Describa la diferencia entre una olla y una sartén y el uso.
16. ¿Para qué quehacer doméstico preferiría Ud. tener un criado o una criada, y por qué?
17. Si Ud. prepara la comida, ¿quién lava los platos?
18. ¿Qué se pone sobre la manta al hacer la cama?
19. ¿Qué se pone entre el colchón y la manta?
20. Ud. es ama de casa sin criada y Ud. está cansada. Los platos están sin lavar (el lavaplatos automático no funciona), el suelo está sucio, las camas están sin hacer y los niños van a estar en casa todo el día. ¿Qué hace Ud. entonces?

Temas para disertación

1. Cómo hacer la cama.
2. Los quehaceres en mi hogar.
3. El ama de casa moderna.

Imaginar y presentar

It is Saturday, and your parents are away for the day. You and your brothers and sisters have agreed to surprise them by cleaning the house, which is still in disarray from a party the night before. Difficulties arise with some of the tasks and a discussion ensues.

Enact this discussion in Spanish.

to dig **cavar**
to cultivate **cultivar**
to plant **plantar, sembrar (ie)**
to feed **dar de comer (a)**
to store **almacenar**
to graze **pacer**
to lead, drive **conducir, llevar**
to hang up clothes **colgar (ue) la ropa**
to get along well **llevarse bien**
to suggest **sugerir (ie, i)**
to lean **apoyar**
to bark **ladrar**
to open **abrir**
to help **ayudar**

only **único**
far **lejos**

farm **la granja; de granja; la finca**
farmer **el granjero, la granjera; el agricultor, la agricultora**
work **el trabajo**
horse **el caballo**
cow **la vaca**
grain **el grano**
barn **el granero**
stable **el establo**
sheep **la oveja**
duck **el pato**
goose **el ganso**
pond **el estanque**
donkey **el burro, el asno**
dog **el perro**
cat **el gato**
hen **la gallina**
rooster **el gallo**
turkey **el pavo**
field **el campo**
tractor **el tractor**
fence **la cerca**
wall *(exterior)* **el muro**

gate **la puerta**
post **el poste**
tool **la herramienta**
rake **el rastrillo**
hoe **la azada**
shovel **la pala**
stake **la estaca**
garden **el jardín**
tree **el árbol**
vegetable **la legumbre**
life **la vida**
husband **el esposo, el marido**
wife **la esposa, la mujer**
son **el hijo**
daughter **la hija**

La vida en la granja

1. ¿Cuántas personas hay en el dibujo y quiénes son?
2. Describa Ud. los trabajos en una granja como ésta.
3. ¿Quién conduce el tractor?
4. ¿Qué está haciendo la granjera?
5. ¿Qué está haciendo el hijo?
6. ¿Le parece a Ud. que esta granja es grande o pequeña? ¿Por qué?
7. ¿Dónde están los patos y dónde los gansos?
8. ¿Qué está haciendo la única vaca?
9. ¿Dónde están las cercas y los muros?
10. ¿Dónde está el gato y qué está haciendo?
11. ¿Qué herramientas se pueden ver y dónde están?
12. ¿Dónde se han plantado legumbres?
13. ¿Para qué han sido usadas las herramientas?
14. ¿Por qué ladra el perro?
15. ¿Dónde están las gallinas y los pavos?
16. ¿A dónde irían estos animales si las dos puertas estuvieran abiertas?
17. ¿Qué le dice el caballo a la oveja?
18. ¿Qué hay en este dibujo que nos sugiere que ésta sea una granja europea?

Puntos de partida

19. ¿Cuál es la diferencia entre un granero y un establo?
20. ¿Qué animales de granja generalmente se llevan bien y cuáles no?

Temas para disertación

1. Ventajas y desventajas de la vida en una granja.
2. Descripción de una granja.
3. Cómo cultivar un jardín.

Imaginar y presentar

Imagine that all the animals in the illustration on the preceding page can talk. What would they say to one another?

Enact this discussion in Spanish.

to take a picture **sacar una fotografía**
to climb **escalar, trepar, subir**
to raise, lift **levantar, alzar**
to feed **dar de comer (a)**
to protect **proteger**
to escape **escapar(se)**
to eat **comer**
to drink **beber**
to approach, get close (to) **acercarse (a)**
to sit **sentarse (ie)**

around **alrededor (de)**

zoo **el (parque) zoológico**	zebra **la cebra**
cage **la jaula**	hippopotamus **el hipopótamo**
house *(for animals)* **la caseta**	rhinoceros **el rinoceronte**
animal **el animal**	alligator **el caimán**
wild animal **la fiera**	snake **la culebra**
beast **la bestia**	reptile **el reptil**
king **el rey**	human being **el ser humano**
monkey **el mono**	balloon **el globo**
bear **el oso**	woman, wife **la mujer**
lion **el león**	child **el niño, la niña**
tiger **el tigre**	camera **la cámara (fotográfica)**
elephant **el elefante**	railing **la barandilla**
gorilla **el gorila**	wall **el muro**
giraffe **la jirafa**	fountain **la fuente**
wolf **el lobo**	bench **el banco**
deer **el ciervo**	sign **el letrero**
antelope **el antílope**	ditch **la zanja, el foso**
gazelle **la gacela**	hill **la colina**
fox **la zorra**	banana **el plátano** *(Spain),* **la banana**
camel **el camello**	
leopard **el leopardo**	banana peel **la cáscara de plátano**
panther **la pantera**	meat **la carne**
hyena **la hiena**	

El zoológico

48

Análisis del dibujo

1. ¿Dónde está el mono y qué está haciendo?
2. ¿Qué ha comido el mono? ¿Cómo lo sabe Ud.?
3. ¿Quién tiene una cámara fotográfica y qué está haciendo?
4. ¿Quién tiene un globo y dónde está?
5. ¿Por qué alza el señor al niño?
6. ¿Dónde está la persona sentada?
7. ¿Qué animales no están en jaulas?
8. Nombre Ud. algunos animales que no se ven en este dibujo.
9. ¿Dónde cree Ud. que hay un foso?
10. ¿Qué animal cree Ud. que vive en la caseta encima de la colina?
11. ¿Con quién cree Ud. que está hablando el niño situado en primer plano? ¿Qué puede estar diciendo?

Puntos de partida

12. ¿Quién es el «rey de las bestias»?
13. ¿Qué animales comen carne y cuáles no?
14. ¿Qué letrero se ve generalmente en un zoológico?
15. Describa un zoológico que Ud. ha visitado.
16. ¿Cuál es una de las diferencias entre el ser humano y los otros animales?
17. ¿Por qué hay una barandilla alrededor de muchas de las jaulas?
18. ¿Qué haría Ud. si estuviera en un zoológico donde un lobo se hubiera escapado de su jaula?
19. ¿Qué le dijo la jirafa al gorila?
20. Nombre Ud. algunos animales que se pueden ver sin ir al zoológico.

Temas para disertación

1. Un día en el zoológico.
2. Descripción de un animal.
3. No todos los monos están en el zoológico.

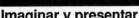

Imaginar y presentar

In the illustration on the preceding page, imagine that the boy with the balloon, the woman with the camera, and the man and little boy at the fountain are a family. They are all having a good time, but they can't agree on what to do, where to go, and which animals to see next.

Enact the scene in Spanish.

to be *(weather)* **hacer (tiempo, frío, calor)**
to be *(body temperature)* **tener (frío, calor)**
to forecast **pronosticar**
to rain **llover(ue)**
to snow **nevar (ie)**
to melt **derretirse (i, i)**
to freeze **helarse (ie), congelarse**
to plant, sow **plantar, sembrar (ie)**
to dig **cavar**
to bloom **florecer**
to sing **cantar**
to dry (off), wipe (off) **secar(se)**
to rake **rastrillar**
to throw **tirar, lanzar**
to perspire **sudar**
to rise **ascender (ie), subir**
to have just **acabar de**
to fall (down) **caer(se)**

cloudy **nublado**
dry **seco**
damp, humid **húmedo**
today **hoy**
besides **además (de)**
32° Farenheit = **0° centígrado.**
  Para convertir grados centígrados a Fahrenheit, multiplique por 9, divida por 5 y agréguele 32. Para convertir grados Fahrenheit a centígrados, dedúzcale 32, multiplique por 5 y divida por 9.

weather **el tiempo**
climate **el clima**
season **la estación del año**
spring **la primavera**
summer **el verano**
fall **el otoño**
winter **el invierno**
freezing point **el punto de congelación**
water **el agua** *f.*
rain **la lluvia**
raindrop **la gota de lluvia**
snow **la nieve**
snowball **la bola de nieve**
ice **el hielo**
sun **el sol**
cloud **la nube**
wind **el viento**
hail **el granizo**
storm **la tempestad, la tormenta**
thunder **el trueno**
lightning **el relámpago**
tornado **la tromba, el tornado**

hurricane **el huracán**
degree **el grado**
zero **el cero**
seed **la semilla**
leaf **la hoja**
garden, yard **el jardín**
tulip **el tulipán**
bird **el pájaro**
rake **el rastrillo**
hoe **la azada**
trench **la zanja**
face **la cara**
ice cream **el helado**
child **el niño, la niña**

El tiempo

49

Análisis del dibujo

1. Además del pájaro que canta (en el primer dibujo a la izquierda), ¿qué otras cosas nos indican que es primavera?
2. ¿Qué está haciendo el señor con la azada?
3. ¿Qué está haciendo la señora del mismo dibujo?
4. ¿Quién acaba de comprar un helado?
5. ¿Por qué se seca la cara el señor?
6. ¿Cuál de los dibujos indica que es otoño y por qué?
7. ¿Qué están haciendo los muchachos en la nieve?

Puntos de partida

8. ¿Cuál es el punto de congelación del agua?
9. ¿Qué es la nieve? ¿Qué es el hielo?
10. ¿En qué estación del año florecen los tulipanes?
11. ¿Cómo se sabe cuándo plantar las semillas?
12. Describa el clima de la región donde está Ud. ahora.
13. ¿Por qué no puede llover cuando hay sol?
14. ¿Cuándo se derrite la nieve?
15. ¿Cuál sería el equivalente en grados centígrados cuando la temperatura asciende a 95° Fahrenheit?
16. ¿Cuántos grados Fahrenheit corresponden a 25° centígrados de temperatura?
17. ¿Cuál es la temperatura en Fahrenheit y en centígrados donde está Ud. en este momento?
18. Describa Ud. el tiempo que hace hoy.
19. Pronostique Ud. el tiempo de mañana.
20. Describa las diferencias entre el verano y el invierno.

Temas para disertación

1. La estación del año que más me gusta.
2. Las clases de tempestades.
3. Los varios climas de los Estados Unidos.

Imaginar y presentar

The weather is terrible! More than half your Spanish class is absent, but there you are with some of your classmates. Naturally, the conversation turns to the weather. Take your time because your teacher is absent too.

Enact this situation in Spanish.

to be born **nacer**
to live **vivir**
to die **morir (ue, u)**
to marry, get married (to) **casarse (con)**
to age, grow old **envejecer(se)**
to pray **orar, rezar**
to weep, cry **llorar**
to take place **tener lugar**
to forget **olvidarse (de)**
to return **volver (ue)**
to rain **llover (ue)**

young **joven**
old **viejo, anciano**
happy **feliz**
sad **triste**
deceased **difunto**
at times **a veces**

cycle **el ciclo**
stage *(of a development)* **la etapa**
life **la vida**
birth **el nacimiento**
death **la muerte**
youth **la juventud**
old age **la vejez**
husband **el esposo, el marido**
wife **la esposa, la mujer**
father **el padre, el papá**
mother **la madre, la mamá**
baby **el nene, la nena; el, la bebé; el crío, la cría**
marriage, married couple **el matrimonio**
divorce **el divorcio**
wedding **la(s) boda(s)**
wedding day **el día de bodas**
bride **la novia**
groom **el novio**
newlywed **el recién casado, la recién casada**

wedding ring **la alianza, el anillo de boda**
honeymoon **la luna de miel, el viaje de novios**
guest **el invitado, la invitada**
best man **el primer padrino de boda**
groomsman, usher **el padrino de boda**
maid of honor **la primera madrina de boda**
bridesmaid **la madrina de boda, la dama**
Catholic **el católico, la católica**
Jew **el judío, la judía**
Protestant **el, la protestante**
church **la iglesia**
temple *(Jewish)* **la sinagoga**
priest **el sacerdote, el cura**
rabbi **el rabino**
minister, pastor **el clérigo, el pastor**
widower **el viudo**
widow **la viuda**

cemetery, graveyard **el cementerio, el camposanto**
funeral **el funeral, los funerales**
burial **el entierro**
coffin **el ataúd**
grave **el sepulcro, la sepultura, la tumba**
tombstone **la piedra sepulcral**
mourner **el, la doliente**
umbrella **el paraguas**
treasure **el tesoro**

El ciclo de la vida

50

Análisis del dibujo

1. ¿Dónde cree Ud. que está el padre del nene?
2. ¿Por qué parece feliz la madre del nene?
3. ¿Para qué propósito están los novios en presencia del pastor?
4. ¿Cree Ud. que la boda tiene lugar en una iglesia católica, en una protestante o en una sinagoga? ¿Por qué?
5. Describa la expresión de los ancianos.
6. ¿En qué dibujo está lloviendo?
7. ¿Dónde está el difunto?
8. ¿Por qué es triste el dibujo de los funerales?
9. ¿Cuáles son las cuatro etapas del ciclo de la vida representadas por los cuatro dibujos?

Puntos de partida

10. ¿Dónde nació Ud. y dónde pasó la parte principal de su juventud?
11. ¿Qué es la luna de miel?
12. ¿Qué pasaría si el día de la boda el novio se olvidara de la alianza de la novia?
13. ¿Cuáles son algunos de los problemas típicos de los recién casados?
14. En una boda tradicional, ¿quiénes son los invitados?
15. Descríbanos su boda si Ud. es casado. Si no se ha casado, diga por qué no.
16. Después de la boda de Ana Corrales Rivera con Juan Albornoz Baroja, ¿cómo se llamará Ana?
17. ¿Qué es lo que se hace (y qué no se hace) en la iglesia o sinagoga?
18. ¿Qué es una viuda?
19. ¿Qué es un cementerio?
20. ¿Para qué sirve la piedra sepulcral?

Temas para disertación

1. La historia de la vida de los dos ancianos.
2. Las bodas tradicionales.
3. El divorcio.

Imaginar y presentar

Unfortunately, youth doesn't last and so goes the quotation «¡Juventud, divino tesoro, ya te vas para no volver!» You and a group of friends exchange thoughts about the present stage of your lives and your hopes for the future.

Enact this discussion in Spanish.

to border (on) **limitar (con)**
to have in common **tener en común**
to share **poseer en común**
to take a trip **hacer un viaje**

White = Spanish-speaking countries
(★) = capital

map **el mapa**
border **la frontera**
city **la ciudad**
capital **la capital**
country, nation **el país, la nación**
mountain **la montaña**
mountain range **la sierra**
chain **la cadena**
forest, jungle **la selva**
river **el río**
coast **la costa**
port **el puerto**
island **la isla**
population **la población**
language **el idioma, la lengua**
Indian **el indio, la india**
Mexico **Méjico** (*Spain*), **México** (*Spanish America*)
Portuguese **el portugués**
Latin America **Latinoamérica**
Latin American **el latinoamericano, la latinoamericana**
Spanish America **Hispanoamérica**

Spanish American **el hispanoamericano, la hispanoamericana**
Central America **Centro América, Centroamérica, la América Central**
Central American **el centroamericano, la centroamericana**
South America **Sudamérica, la América del Sur**
South American **el sudamericano, la sudamericana**
United States (of America), U.S.A. **los Estados Unidos (de América), E.U.A., EE.UU.**
Central and South American countries whose names are usually preceded by the definite article: **El Salvador, el Panamá, el Ecuador, el Perú, el Paraguay, el Uruguay, el Brasil, la Argentina**

Mapa de Latinoamérica

51

Análisis del dibujo

1. Nombre Ud. dos o tres estados de los EE.UU. que limitan con México.
2. Nombre Ud. una ciudad mexicana situada en la frontera de los Estados Unidos.
3. ¿Qué países poseen en común el Golfo de México?
4. ¿Cuáles son los países de Centroamérica?
5. San Salvador es para El Salvador como San José es para ¿qué país?
6. ¿En qué islas del Mar Caribe se habla español?
7. ¿Por qué es Miami una ciudad internacional?
8. ¿Cuál es la nación más extensiva de Latinoamérica?
9. ¿Dónde está la famosa zona canal?
10. ¿Cuál es el único país sudamericano con costas en dos océanos o mares?
11. ¿Cuál es la capital de Venezuela? ¿Del Perú?
12. ¿De qué país son las islas Galápagos? ¿La isla Juan Fernández?
13. ¿Qué son los Andes y en qué países están?
14. ¿Qué es lo que tienen en común Buenos Aires y Montevideo?
15. ¿Cuáles son los dos países sudamericanos sin costa?
16. ¿Cuál es el río sudamericano cuyas selvas tropicales son famosas?

Puntos de partida

17. Explique Ud. la diferencia entre Hispanoamérica y Latinoamérica.
18. ¿Cuál es uno de los problemas de Latinoamérica o de varias naciones latinoamericanas?
19. ¿Qué países hispanoamericanos exportan petróleo?
20. Si Ud. pudiera hacer un viaje a Latinoamérica, ¿qué región preferiría visitar? ¿Por qué?

Temas para disertación

1. La geografía de Latinoamérica.
2. Mi viaje a _____ (un país hispanoamericano).
3. La civilización india de México (o del Perú o de Guatemala).

Imaginar y presentar

You and a group of friends are going to take a trip together to Latin America. Since part of the fun of a trip is planning it, you and your friends can begin enjoying yourselves right now. Each one should say where he or she wants to go and why.

Enact this discussion in Spanish.

to border (on) **limitar (con)**
to have in common **tener en común**
to choose, elect **escoger, elegir (i, i)**
to govern, rule **gobernar, regir (i, i)**
to earn **ganar**
to spend **gastar**

only, just **solamente**
with regard to **(con) respecto a**
own **propio**

map **el mapa**
Iberian Peninsula *(Spain and Portugal)* **la Península Ibérica**
location **la situación**
geography **la geografía**
north **el norte**
northeast **el nordeste**
norhtwest **el noroeste**
south **el sur**
southeast **el sudeste**
southwest **el sudoeste**
east **el este**
west **el oeste**
center **el centro**
border **la frontera**
city **la ciudad**
province **la provincia**
country, nation **el país, la nación**
capital **la capital**
war **la guerra**
republic **la república**
democracy **la democracia**
monarchy **la monarquía**
dictatorship **la dictadura**
government **el gobierno**
law **la ley**

constitution **la constitución**
parliament, congress, legislature **el parlamento, el congreso, las cortes**
president **el presidente, la presidenta**
prime minister **el primer ministro, la primera ministra**
head of state **el, la jefe(a) del estado**
king **el rey**
queen **la reina**
mountain **la montaña**
chain **la cadena**
river **el río**
island **la isla**
port **el puerto**
industry **la industria**
money **el dinero**
language **el idioma, la lengua**
Spain **España**
Spaniard **el español, la española**
Portuguese *(language)* **el portugués;** *(person)* **el portugués, la portuguesa**
United States (of America), U.S.A. **los Estados Unidos (de América), E.U.A., EE.UU.**

Canada **el Canadá**
Canadian **el, la canadiense**
(North) American *(including Canadians)* **el norteamericano, la norteamericana**
American *(U.S.A. only)* **el, la estadounidense; el americano, la americana; el, la yanqui** *(Spain),* **el gringo, la gringa** *(Spanish America)*
England **Inglaterra**
Englishman, Englishwoman **el inglés, la inglesa**
inhabitant of Madrid **el madrileño, la madrileña**
inhabitant of Barcelona **el barcelonés, la barcelonesa**
inhabitant of Bilbao **el bilbaíno, la bilbaína**
inhabitant of Seville **el sevillano, la sevillana**
Catalonian *(language)* **el catalán;** *(person)* **el catalán, la catalana**
Basque *(language)* **el vasco;** *(person)* **el vasco, la vasca**

Mapa de la Península Ibérica

Análisis del dibujo

1. Describa Ud. la situación de las provincias de Galicia y Asturias.
2. ¿Cuál es la capital de España y dónde está situada?
3. ¿Qué río pasa por la ciudad de Sevilla?
4. ¿Qué son y dónde están los Pirineos?
5. ¿Qué país limita con España al nordeste?
6. ¿Qué tienen en común Menorca e Ibiza?
7. Además de las Baleares, ¿qué otra cadena de islas forma parte de España?
8. ¿Qué ciudad de Extremadura está muy cerca de Portugal?
9. Describa Ud. la situación de Zaragoza.
10. ¿Por qué es famosa la región de la Mancha?
11. Nombre Ud. tres puertos de España.
12. Como el «Sur» de los Estados Unidos, Andalucía es solamente una región; no es provincia. ¿Cuáles son algunas de sus ciudades y qué sabe Ud. de ellas?
13. Existe un conflicto perpetuo entre España e Inglaterra respecto a Gibraltar. Es cuestión de geografía. Explíquelo.
14. ¿Qué ríos tienen en común España y Portugal?

Puntos de partida

15. Explique Ud. lo que tienen en común los estadounidenses y los canadienses.
16. Todos los españoles hablan español pero además los barceloneses y los bilbaínos hablan sus propios idiomas. ¿Cuáles son?
17. Se dice que «Barcelona gana el dinero y Madrid lo gasta». ¿Qué significa esto?
18. ¿Qué es una dictadura?
19. ¿Qué es una monarquía constitucional?
20. Historia moderna de España: 1931-1936, república; 1936-1939, guerra civil; 1939-1975, jefe del estado, Francisco Franco. Comente sobre la forma de gobierno de España desde 1975.

Temas para disertación

1. Descripción geográfica de España.
2. El gobierno (o los gobiernos) de España.
3. Por qué los turistas van a España.

Imaginar y presentar

An Englishman, an American (U.S.A.) and a Spaniard are contrasting the geographies of their countries and also noting their cultural similarities and differences.

Enact this discussion in Spanish.

Apéndice

**Regular Verbs
(Verbos regulares)**

-ar	-er	-ir

INFINITIVE (INFINITIVO)

tomar *to take*	**comer** *to eat*	**vivir** *to live*

PRESENT PARTICIPLE (GERUNDIO)

tomando *taking*	**comiendo** *eating*	**viviendo** *living*

PAST PARTICIPLE (PARTICIPIO PASADO)

tomado *taken*	**comido** *eaten*	**vivido** *lived*

**Simple Tenses
(Tiempos simples)**

INDICATIVE MOOD (MODO INDICATIVO)

PRESENT (PRESENTE)

I take, do take, am taking	*I eat, do eat, am eating*	*I live, do live, am living*
tom**o**	com**o**	viv**o**
tom**as**	com**es**	viv**es**
tom**a**	com**e**	viv**e**
tom**amos**	com**emos**	viv**imos**
tom**áis**	com**éis**	viv**ís**
tom**an**	com**en**	viv**en**

IMPERFECT (IMPERFECTO)

I was taking, used to take, took	*I was eating, used to eat, ate*	*I was living, used to live, lived*
tom**aba**	com**ía**	viv**ía**
tom**abas**	com**ías**	viv**ías**
tom**aba**	com**ía**	viv**ía**
tom**ábamos**	com**íamos**	viv**íamos**
tom**abais**	com**íais**	viv**íais**
tom**aban**	com**ían**	viv**ían**

PRETERITE (PRETÉRITO)

I took, did take	*I ate, did eat*	*I lived, did live*
tom**é**	com**í**	viv**í**
tom**aste**	com**iste**	viv**iste**
tom**ó**	com**ió**	viv**ió**
tom**amos**	com**imos**	viv**imos**
tom**asteis**	com**isteis**	viv**isteis**
tom**aron**	com**ieron**	viv**ieron**

FUTURE (FUTURO)

I will take	*I will eat*	*I will live*
tomar**é**	comer**é**	vivir**é**
tomar**ás**	comer**ás**	vivir**ás**
tomar**á**	comer**á**	vivir**á**
tomar**emos**	comer**emos**	vivir**emos**
tomar**éis**	comer**éis**	vivir**éis**
tomar**án**	comer**án**	vivir**án**

CONDITIONAL (CONDICIONAL)

I would take	*I would eat*	*I would live*
tomaría	comería	viviría
tomarías	comerías	vivirías
tomaría	comería	viviría
tomaríamos	comeríamos	viviríamos
tomaríais	comeríais	viviríais
tomarían	comerían	vivirían

COMMANDS (MANDOS)

AFFIRMATIVE (AFIRMATIVO)

take	*eat*	*live*
toma (tú)	come (tú)	vive (tú)
tome (Ud.)	coma (Ud.)	viva (Ud.)
tomemos *(let's take)*	comamos *(let's eat)*	vivamos *(let's eat)*
tomad (vosotros, -as)	comed (vosotros, -as)	vivid (vosotros, -as)
tomen (Uds.)	coman (Uds.)	vivan (Uds.)

NEGATIVE (NEGATIVO)

do not take	*do not eat*	*do not live*
No tomes (tú)	No comas (tú)	No vivas (tú)
No tome (Ud.)	No coma (Ud.)	No viva (Ud.)
No tomemos *(let's not take)*	No comamos *(let's not eat)*	No vivamos *(let's not live)*
No toméis (vosotros, -as)	No comáis (vosotros, -as)	No viváis (vosotros, -as)
No tomen (Uds.)	No coman (Uds.)	No vivan (Uds.)

SUBJUNCTIVE MOOD (MODO SUBJUNTIVO)

PRESENT (PRESENTE)

(that) I may take	*(that) I may eat*	*(that) I may live*
tome	coma	viva
tomes	comas	vivas
tome	coma	viva
tomemos	comamos	vivamos
toméis	comáis	viváis
tomen	coman	vivan

IMPERFECT, s FORM (IMPERFECTO, FORMA EN s)

(that) I might (would) take	*(that) I might (would) eat*	*(that) I might (would) live*
tomase	comiese	viviese
tomases	comieses	vivieses
tomase	comiese	viviese
tomásemos	comiésemos	viviésemos
tomaseis	comieseis	vivieseis
tomasen	comiesen	viviesen

IMPERFECT, r FORM (IMPERFECTO, FORMA EN r)

tomara	comiera	viviera
tomaras	comieras	vivieras
tomara	comiera	viviera
tomáramos	comiéramos	viviéramos
tomarais	comierais	vivierais
tomaran	comieran	vivieran

Compound Tenses (Tiempos compuestos)

INDICATIVE MOOD (MODO INDICATIVO)

PRESENT PERFECT (PERFECTO)

I have taken		*I have eaten*		*I have lived*	
he		he		he	
has		has		has	
ha	tomado	ha	comido	ha	vivido
hemos		hemos		hemos	
habéis		habéis		habéis	
han		han		han	

PAST PERFECT (PLUSCUAMPERFECTO)

I had taken		*I had eaten*		*I had lived*	
había		había		había	
habías		habías		habías	
había	tomado	había	comido	había	vivido
habíamos		habíamos		habíamos	
habíais		habíais		habíais	
habían		habían		habían	

FUTURE PERFECT (FUTURO PERFECTO)

I will have taken		*I will have eaten*		*I will have lived*	
habré		habré		habré	
habrás		habrás		habrás	
habrá	tomado	habrá	comido	habrá	vivido
habremos		habremos		habremos	
habréis		habréis		habréis	
habrán		habrán		habrán	

CONDITIONAL PERFECT (CONDICIONAL PERFECTO)

I would have taken		*I would have eaten*		*I would have lived*	
habría		habría		habría	
habrías		habrías		habrías	
habría	tomado	habría	comido	habría	vivido
habríamos		habríamos		habríamos	
habríais		habríais		habríais	
habrían		habrían		habrían	

SUBJUNCTIVE MOOD (MODO SUBJUNTIVO)

PRESENT PERFECT (PERFECTO)

(that) I may have taken		*(that) I may have eaten*		*(that) I may have lived*	
haya		haya		haya	
hayas		hayas		hayas	
haya	tomado	haya	comido	haya	vivido
hayamos		hayamos		hayamos	
hayáis		hayáis		hayáis	
hayan		hayan		hayan	

PAST PERFECT, **s** FORM (PLUSCUAMPERFECTO, FORMA EN s)

(that) I might (would) have taken		*(that) I might (would) have eaten*		*(that) I might (would) have lived*	
hubiese		hubiese		hubiese	
hubieses		hubieses		hubieses	
hubiese	tomado	hubiese	comido	hubiese	vivido
hubiésemos		hubiésemos		hubiésemos	
hubieseis		hubieseis		hubieseis	
hubiesen		hubiesen		hubiesen	

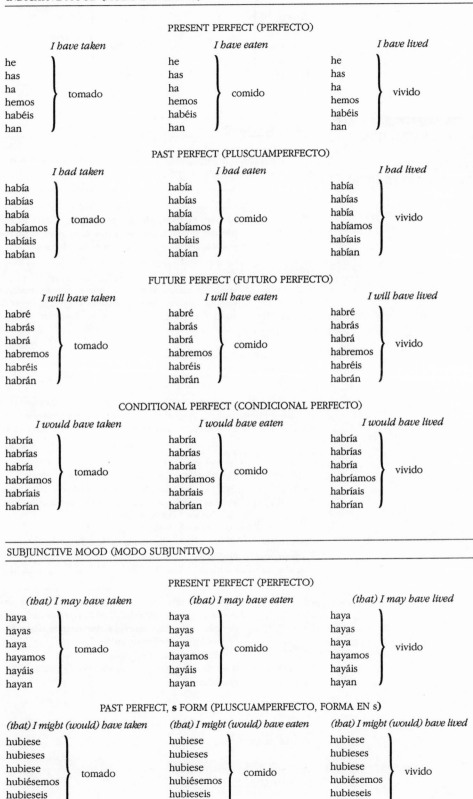

hubiera		hubiera		hubiera	
hubieras		hubieras		hubieras	
hubiera	tomado	hubiera	comido	hubiera	vivido
hubiéramos		hubiéramos		hubiéramos	
hubierais		hubierais		hubierais	
hubieran		hubieran		hubieran	

Radical-changing Verbs (Verbos que cambian la radical)

CLASS 1 (1ª CLASE)

Verbs of the first and second conjugations only; **e** becomes **ie** and **o** becomes **ue** throughout the singular and in the third-person plural of the present indicative, present subjunctive, and the commands:

pensar *to think*

PRES. IND.	**pienso, piensas, piensa,** pensamos, pensáis, **piensan**
PRES. SUBJ.	**piense, pienses, piense,** pensemos, penséis, **piensen**
COMMAND	**piensa, piense,** pensemos, pensad, **piensen**

volver *to return, turn*

PRES. IND.	**vuelvo, vuelves, vuelve,** volvemos, volvéis, **vuelven**
PRES. SUBJ.	**vuelva, vuelvas, vuelva,** volvamos, volváis, **vuelvan**
COMMAND	**vuelve, vuelva,** volvamos, volved, **vuelvan**

CLASS 2 (2ª CLASE)

Verbs of the third conjugation only; **e** becomes **ie, o** becomes **ue,** as in Class 1; **e** becomes **i, o** becomes **u** in the third-person singular and plural of the preterite indicative, in the first- and second-persons plural of the present subjunctive, throughout the imperfect subjunctive, and in the present participle:

sentir *to feel, regret*

PRES. IND.	**siento, sientes, siente,** sentimos, sentís, **sienten**
PRET. IND.	sentí, sentiste, **sintió,** sentimos, sentisteis, **sintieron**
PRES. SUBJ.	**sienta, sientas, sienta, sintamos, sintáis, sientan**
IMPERF. SUBJ.	{ (s form) **sintiese,** etc. { (r form) **sintiera,** etc.
COMMAND	**siente, sienta, sintamos,** sentid, **sientan**
PRES. PART.	**sintiendo**

dormir *to sleep*

PRES. IND.	**duermo, duermes, duerme,** dormimos, dormís, **duermen**
PRET. IND.	dormí, dormiste, **durmió,** dormimos, dormisteis, **durmieron**
PRES. SUBJ.	**duerma, duermas, duerma, durmamos, durmáis, duerman**
IMPERF. SUBJ.	{ (s form) **durmiese,** etc. { (r form) **durmiera,** etc.
COMMAND	**duerme, duerma, durmamos,** dormid, **duerman**
PRES. PART.	**durmiendo**

CLASS 3 (3ª CLASE)

Verbs of the third conjugation only; **e** becomes **i** (there are no **o** verbs) in all forms that had any radical change in Class 2:

pedir *to ask (for)*

PRES. IND.	**pido, pides, pide,** pedimos, pedís, **piden**
PRET. IND.	pedí, pediste, **pidió,** pedimos, pedisteis, **pidieron**
PRES. SUBJ.	**pida, pidas, pida, pidamos, pidáis pidan**
IMPERF. SUBJ.	{ (**s** form) **pidiese,** etc. { (**r** form) **pidiera,** etc.
COMMAND	**pide, pida, pidamos,** pedid, **pidan**
PRES. PART.	**pidiendo**

Orthographic-changing Verbs (Verbos con cambio ortográfico)

Verbs of the first conjugation ending in **car, gar, guar,** and **zar** have the following changes before **e** in the first-person singular preterite indicative and throughout the present subjunctive and commands:

c to **qu**

sacar *to take out*

saqué, sacaste, etc.
saque, saques, etc.

g to **gu**

pagar *to pay (for)*

pagué, pagaste, etc.
pague, pagues, etc.

gu to **gü**

averiguar *to find out*

averigüé, averiguaste, etc.
averigüe, averigües, etc.

z to **c**

empezar *to begin*

empecé, empezaste, etc.
empiece, empieces, etc.

Verbs of the second and third conjugations ending in **cer, cir, ger, gir, guir,** and **quir** have the following changes before **o** and **a** in the first-person singular present indicative and throughout the present subjunctive:

c to **z** (if the ending **cer** or **cir** is preceded by a consonant)

vencer *to conquer*

venzo, vences, etc.
venza, venzas, etc.

c to **zc** (if the ending **cer** or **cir** is preceded by a vowel)

conocer *to know*

conozco, conoces, etc.
conozca, conozcas, etc.

g to **j**

coger *to catch*

cojo, coges, etc.
coja, cojas, etc.

dirigir *to direct*

dirijo, diriges, etc.
dirija, dirijas, etc.

gu to **g**

---

distinguir *to distinguish*

---

distingo, distingues, etc.
distinga, distingas, etc.

Verbs whose stem ends in a vowel change unaccented **i** between two vowels to **y** in the third-person singular and plural preterite indicative, throughout the imperfect subjunctive, and in the present participle:

---

leer *to read*

---

leí, leíste, **leyó,** leímos, leísteis, **leyeron**
leyese, etc.
leyendo

Verbs ending in **uir** in which the **u** is sounded insert **y** before all vowels except **i** throughout the present indicative and present subjunctive:

---

incluir *to include*

---

incluyo, incluyes, incluye, incluimos, incluís, **incluyen**
incluya, etc.

Some verbs ending in **iar** and **uar** bear a written accent on **i** and **u** throughout the singular and the third-person plural of the present indicative and present subjunctive, and in the second-person singular and third-person plural of the command:

---

enviar *to send*

---

envío, envías, envía, enviamos, enviáis, **envían**
envíe, envíes, envíe, enviemos, enviéis, **envíen**
envía, envíe, enviemos, enviad, envíen (commands)

---

continuar *to continue*

---

continúo, continúas, continúa, continuamos, continuáis, **continúan**
continúe, continúes, continúe, continuemos, continuéis, **continúen**
continúa, continúe, continuemos, continuad, **continúen**

Verbs ending in **eír,** in changing stem **e** to **i,** drop the **i** of endings beginning with **ie** or **io.** Stem vowel **i** takes a written accent in the present indicative:

---

reír *to laugh*

---

río, ríes, ríe, reímos, reís, **ríen**
reí, reíste, **rio,** reímos, reísteis, **rieron**
riese, etc. (**riera,** etc.)
riendo

Verbs whose stem ends in **ll** or **ñ** drop the **i** of endings beginning with **ie** and **io.** Likewise, irregular preterites with stems ending in **j** drop **i** of endings beginning with **ie** and **io:**

---

decir *to say, tell*

---

dijeron
dijese, etc. (**dijera,** etc.)

---

reñir *to scold, quarrel*

---

riñó, riñeron
riñese, etc. (**riñera,** etc.)
riñendo

Other verbs like **decir** are **traer** *(to bring)* and compounds of **-ducir,** such as **conducir** *(to conduct).*

Some verbs are both radical-changing and orthographic changing:

---

comenzar *to begin*

---

comienzo
comience

colgar *to hang*

cuelgo
cuelgue

Irregular Verbs
(Verbos irregulares)

Verbs that are irregular in the past participle only are: **abrir** *(to open)*, **abierto; cubrir** *(to cover)*, **cubierto; escribir** *(to write)*, **escrito; imprimir** *(to print)*, **impreso;** and **romper** *(to break)*, **roto.**

The following verbs also have irregular past participles: **disolver (ue)** *(to dissolve)*, **disuelto; freír (i, i)** *(to fry)*, **frito; morir (ue, u)** *(to die)*, **muerto; volver (ue)** *(to return)*, **vuelto.**

---

andar *to go, walk*

PRET.	**anduve, anduviste, anduvo, anduvimos, anduvisteis, anduvieron**
IMPERF. SUBJ.	{ (**s** form) **anduviese,** etc. { (**r** form) **anduviera,** etc.

---

caber *to fit, be contained in*

PRES. IND.	**quepo, cabes, cabe, cabemos, cabéis, caben**
PRET. IND.	**cupe, cupiste, cupo, cupimos, cupisteis, cupieron**
FUT. IND.	**cabré, cabrás, cabrá, cabremos, cabrís, cabrán**
COND.	**cabría, cabrías, cabría, cabríamos, cabríais, cabrían**
PRES. SUBJ.	**quepa, quepas, quepa, quepamos, quepáis, quepan**
IMPERF. SUBJ.	{ (**s** form) **cupiese,** etc. { (**r** form) **cupiera,** etc.

---

caer *to fall*

PRES. IND.	**caigo, caes, cae, caemos, caéis, caen**
PRET. IND.	**caí, caíste, cayó, caímos, caísteis, cayeron**
PRES. SUBJ.	**caiga, caigas, caiga, caigamos, caigáis, caigan**
IMPERF. SUBJ.	{ (**s** form) **cayese,** etc. { (**r** form) **cayera,** etc.
COMMAND	**cae, caiga, caigamos, caed, caigan**
PAST PART.	**caído**
PRES. PART.	**cayendo**

---

conducir *to conduct*

PRES. IND.	**conduzco, conduces, conduce, conducimos, conducís, conducen**
PRET. IND.	**conduje, condujiste, condujo, condujimos, condujisteis, condujeron**
PRES. SUBJ.	**conduzca, conduzcas, conduzca, conduzcamos, conduzcáis, conduzcan**
IMPERF. SUBJ.	{ (**s** form) **condujese,** etc. { (**r** form) **condujera,** etc.
COMMAND	**conduce, conduzca, conduzcamos, conducir, conduzcan**

---

dar *to give*

PRES. IND.	**doy, das, da, damos, dais, dan**
PRET. IND.	**di, diste, dio, dimos, disteis, dieron**
PRES. SUBJ.	**dé, des, de, demos, deis, den**
IMPERF. SUBJ.	{ (**s** form) **diese,** etc. { (**r** form) **diera,** etc.
COMMAND	**da, dé, demos, dad, den**

---

decir *to say, tell*

PRES. IND.	**digo, dices, dice, decimos, decís, dicen**
PRET. IND.	**dije, dijiste, dijo, dijimos, dijisteis, dijeron**
FUT. IND.	**diré, dirás, dirá, diremos, diréis, dirán**
COND.	**diría, dirías, diría, diríamos, diríais, dirían**
PRES. SUBJ.	**diga, digas, diga, digamos, digáis, digan**

IMPERF. SUBJ.	{ (s form) **dijese,** etc.
	{ (r form) **dijera,** etc.
COMMAND	**di, diga, digamos, decid, digan**
PAST. PART.	**dicho**
PRES. PART.	**diciendo**

estar *to be*

PRES. IND.	**estoy, estás, está, estamos, estáis, están**
PRET. IND.	**estuve, estuviste, estuvo, estuvimos, estuvisteis, estuvieron**
PRES. SUBJ.	**esté, estés, esté, estemos, estéis, estén**
IMPERF. SUBJ.	{ (s form) **estuviese,** etc.
	{ (r form) **estuviera,** etc.
COMMAND	**está, esté, estemos, estad, estén**

haber *to have (impers., to be)*

PRES. IND.	**he, has, ha** (impersonal, **hay**), **hemos, habéis, han**
PRET. IND.	**hube, hubiste, hubo, hubimos, hubisteis, hubieron**
FUT. IND.	**habré, habrás, habrá, habremos, habréis, habrán**
COND.	**habría, habrías, habría, habríamos, habríais, habrían**
PRES. SUBJ.	**haya, hayas, haya, hayamos, hayáis, hayan**
IMPERF. SUBJ.	{ (s form) **hubiese,** etc.
	{ (r form) **hubiera,** etc.

hacer *to do, make*

PRES. IND.	**hago, haces, hace, hacemos, hacéis, hacen**
PRET. IND.	**hice, hiciste, hizo, hicimos, hicisteis, hicieron**
FUT. IND.	**haré, harás, hará, haremos, haréis, harán**
COND.	**haría, harías, haría, haríamos, haríais, harían**
PRES. SUBJ.	**haga, hagas, haga, hagamos, hagáis, hagan**
IMPERF. SUBJ.	{ (s form) **hiciese,** etc.
	{ (r form) **hiciera,** etc.
COMMAND	**haz, haga, hagamos, haced, hagan**
PAST PART.	**hecho**

ir *to go*

PRES. IND.	**voy, vas, va, vamos, vais, van**
IMPERF. IND.	**iba, ibas, iba, íbamos, ibais, iban**
PRET. IND.	**fui, fuiste, fue, fuimos, fuisteis, fueron**
PRES. SUBJ.	**vaya, vayas, vaya, vayamos, vayáis, vayan**
IMPERF. SUBJ.	{ (s form) **fuese,** etc.
	{ (r form) **fuera,** etc.
COMMAND	**ve, vaya, vayamos, id, vayan**
PAST PART.	**yendo**

jugar *to play*

PRES. IND.	**juego, juegas, juega, jugamos, jugáis, juegan**
PRET. IND.	**jugué, jugaste, jugó, jugamos, jugasteis, jugaron**
PRES. SUBJ.	**juegue, juegues, juegue, juguemos, juguéis, jueguen**
COMMAND	**juega, juegue, juguemos, jugad, jueguen**

oír *to hear*

PRES. IND.	**oigo, oyes, oye, oímos, oís, oyen**
PRET. IND.	**oí, oíste, oyó, oímos, oísteis, oyeron**
PRES. SUBJ.	**oiga, oigas, oiga, oigamos, oigáis, oigan**
IMPERF. SUBJ.	{ (s form) **oyese,** etc.
	{ (r form) **oyera,** etc.
COMMAND	**oye, oiga, oigamos, oíd, oigan**
PAST PART.	**oído**
PRES. PART.	**oyendo**

oler *to smell*

PRES. IND.	**huelo, hueles, huele, olemos, oléis, huelen**
PRES. SUBJ.	**huela, huelas, huela, olamos, oláis, huelan**
COMMAND	**huele, huela, olamos, oled, huelan**

poder *to be able*

PRES. IND.	**puedo, puedes, puede, podemos, podéis, pueden**
PRET. IND.	**pude, pudiste, pudo, pudimos, pudisteis, pudieron**
FUT. IND.	**podré, podrás, podrá, podremos, podréis, podrán**
COND.	**podría, podrías, podría, podríamos, podríais, podrían**
PRES. SUBJ.	**pueda, puedas, pueda, podamos, podáis, puedan**
IMPERF. SUBJ.	{ (**s** form) **pudiese**, etc. { (**r** form) **pudiera**, etc.
PRES. PART.	**pudiendo**

poner *to put, place*

PRES. IND.	**pongo, pones, pone, ponemos, ponéis, ponen**
PRET. IND.	**puse, pusiste, puso, pusimos, pusisteis, pusieron**
FUT. IND.	**pondré, pondrás, pondrá, pondremos, pondréis, pondrán**
COND.	**pondría, pondrías, pondría, pondríamos, pondríais, pondrían**
PRES. SUBJ.	**ponga, pongas, ponga, pongamos, pongáis, pongan**
IMPERF. SUBJ.	{ (**s** form) **pusiese**, etc. { (**r** form) **pusiera**, etc.
COMMAND	**pon, ponga, pongamos, poned, pongan**
PAST PART.	**puesto**

querer *to wish, want*

PRES. IND.	**quiero, quieres, quiere, queremos, queréis, quieren**
PRET. IND.	**quise, quisiste, quiso, quisimos, quisisteis, quisieron**
FUT. IND.	**querré, querrás, querrá, querremos, querréis, querrán**
COND.	**querría, querrías, querría, querríamos, querrías, querrían**
PRES. SUBJ.	**quiera, quieras, quiera, queramos, queráis, quieran**
IMPERF. SUBJ.	{ (**s** form) **quisiese**, etc. { (**r** form) **quisiera**, etc.
COMMAND	**quiere, quiera, queramos, quered, quieran**

saber *to know*

PRES. IND.	**sé, sabes, sabe, sabemos, sabéis, saben**
PRET. IND.	**supe, supiste, supo, supimos, supisteis, supieron**
FUT. IND.	**sabré, sabrás, sabrá, sabremos, sabréis, sabrán**
COND.	**sabría, sabrías, sabría, sabríamos, sabríais, sabrían**
PRES. SUBJ.	**sepa, sepas, sepa, sepamos, sepáis, sepan**
IMPERF. SUBJ.	{ (**s** form) **supiese**, etc. { (**r** form) **supiera**, etc.
COMMAND	**sabe, sepa, sepamos, sabed, sepan**

salir *to go out*

PRES. IND.	**salgo, sales, sale, salimos, salís, salen**
FUT. IND.	**saldré, saldrás, saldrá, saldremos, saldréis, saldrán**
COND.	**saldría, saldrías, saldría, saldríamos, saldríais, saldrían**
PRES. SUBJ.	**salga, salgas, salga, salgamos, salgáis, salgan**
COMMAND	**sal, salga, salgamos, salid, salgan**

ser *to be*

PRES. IND.	**soy, eres, es, somos, sois, son**
IMPERF. IND.	**era, eras, era, éramos, erais, eran**
PRET. IND.	**fui, fuiste, fue, fuimos, fuisteis, fueron**
PRES. SUBJ.	**sea, seas, sea, seamos, seáis, sean**
IMPERF. SUBJ.	{ (**s** form) **fuese**, etc. { (**r** form) **fuera**, etc.
COMMAND	**sé, sepa, sepamos, sed, sepan**

tener *to have*

PRES. IND.	tengo, tienes, tiene, tenemos, tenéis, tienen
PRET. IND.	tuve, tuviste, tuvo, tuvimos, tuvisteis, tuvieron
FUT. IND.	tendré, tendrás, tendrá, tendremos, tendréis, tendrán
COND.	tendría, tendrías, tendría, tendríamos, tendríais, tendrían
PRES. SUBJ.	tenga, tengas, tenga, tengamos, tengáis, tengan
IMPERF. SUBJ.	{ (s form) **tuviese**, etc. (r form) **tuviera**, etc.
COMMAND	ten, tenga, tengamos, tened, tengan

traer *to bring*

PRES. IND.	traigo, traes, trae, traemos, traéis, traen
PRET. IND.	traje, trajiste, trajo, trajimos, trajisteis, trajeron
PRES. SUBJ.	traiga, traigas, traiga, traigamos, traigáis, traigan
IMPERF. SUBJ.	{ (s form) **trajese**, etc. (r form) **trajera**, etc.
PAST PART.	traído
PRES. PART.	trayendo
COMMAND	trae, traiga, traigamos, traed, traigan

valer *to be worth*

PRES. IND.	valgo, vales, vale, valemos, valéis, valen
FUT. IND.	valdré, valdrás, valdrá, valdremos, valdréis, valdrán
COND.	valdría, valdrías, valdría, valdríamos, valdríais, valdrían
PRES. SUBJ.	valga, valgas, valga, valgamos, valgáis, valgan
COMMAND	vale, valga, valgamos, valed, valgan

venir *to come*

PRES. IND.	vengo, vienes, viene, venimos, venís, vienen
PRET. IND.	vine, viniste, vino, vinimos, vinisteis, vinieron
FUT. IND.	vendré, vendrás, vendrá, vendremos, vendréis, vendrán
COND.	vendría, vendrías, vendría, vendríamos, vendríais, vendrían
PRES. SUBJ.	venga, vengas, venga, vengamos, vengáis, vengan
IMPERF. SUBJ.	{ (s form) **viniese**, etc. (r form) **viniera**, etc.
COMMAND	ven, venga, vengamos, venid, vengan
PRES. PART.	viniendo

ver *to see*

PRES. IND.	veo, ves, ve, vemos, veis, ven
IMPERF. IND.	veía, veías, veía, veíamos, veíais, veían
PRES. SUBJ.	vea, veas, vea, veamos, veáis, vean
COMMAND	ve, vea, veamos, ved, vean
PAST PART.	visto

Numbers (Números)

0	cero	30	treinta
1	uno, un, una	31	treinta y uno (un, una)
2	dos	32	treinta y dos, etc.
3	tres	40	cuarenta
4	cuatro	50	cincuenta
5	cinco	60	sesenta
6	seis	70	setenta
7	siete	80	ochenta
8	ocho	90	noventa
9	nueve	100	ciento, cien
10	diez	105	ciento cinco
11	once	200	doscientos, -as
12	doce	300	trescientos, -as
13	trece	400	cuatrocientos, -as
14	catorce	500	quinientos, -as
15	quince	600	seiscientos, -as
16	diez y seis, dieciséis	700	setecientos, -as
17	diez y siete, diecisiete	800	ochocientos, -as
18	diez y ocho, dieciocho	900	novecientos, -as
19	diez y nueve, diecinueve	999	novecientos noventa y nueve
20	veinte	1.000	mil
21	veintiuno, veintiún, veintiuna, veinte y uno, veinte y un, veinte y una	1.009	mil nueve
		2.000	dos mil
22	veintidós, veinte y dos	5.888	cinco mil ochocientos ochenta y ocho
23	veintitrés, veinte y tres		
24	veinticuatro, etc.	27.777	veintisiete mil setecientos setenta y siete
25	veinticinco, etc.		
26	veintiséis, etc.	100.000	cien mil
27	veintisiete, etc.	1.000.000	un millón
28	veintiocho, etc.	2.000.000	dos millones
29	veintinueve, etc.	4.196.234	cuatro millones ciento noventa y seis mil doscientos treinta y cuatro

1st	primer(o, a)	6th	sexto(a)
2nd	segundo(a)	7th	séptimo(a)
3rd	tercer(o, a)	8th	octavo(a)
4th	cuarto(a)	9th	noveno(a)
5th	quinto(a)	10th	décimo(a)